Recueil

hopitaux

17345
3450
1096 6
1831 10
201 1 6
497 10
593 7
904 3 9
440
593 7
244 2 9
1150

RECVEVIL DES RELATIONS,

CONTENANT CE QVI S'EST FAIT POVR L'ASSISTANCE DES PAVVRES.

Entre autres ceux de Paris, & des enuirons, & des Prouinces de Picardie & Champagne, pendant les années 1650. 1651. 1652. 1653. & 1654.

A PARIS,
Chez Charles Savreux, Libraire & Relieur ordinaire du Chapitre de l'Eglise de Paris, au Paruis Nostre-Dame, aux trois Vertus.

CIↃ. IↃC. LV.

RECVEVIL DES RELATIONS,

Contenant ce qui s'est fait pour l'assistance des Pauures; Entre autres ceux de Paris, & des enuirons, & des Prouinces de Picardie & Champagne, pendant les années 1650. 1651. 1652. 1653. & 1654.

PREFACE.

ENCORES QVE CE SOIT vne verité tres constante dans les saintes Escritures, dont toutes les paroles sont adorables, & dont la moindre ne perira iamais, qu'il faut cacher, & comme aneantir son aumosne dans le sein du Pauure, & que la gauche ne doit pas mesme sçauoir ce que fait la droite; Elle n'est pas neantmoins contraire à cette autre verité, qui veut que nostre lumiere éclatte de telle sorte aux yeux des hommes, qu'ils puissent voir quelles sont nos actions, afin d'en rendre gloire au Pere Eternel qui est dans les Cieux. L'vne & l'autre de ces verités se trouue également imprimée dans l'ame du veritable Chreſtien, parce que s'il connoiſt d'vne part qu'il doit fermer ſon cœur à tous les deſirs de loüange ou de complaiſance humaine, pour n'y renfermer que Dieu ſeul; il ſçait auſſi de l'autre qu'il doit eſtre preparé à ouurir ſa bouche pour publier par tout la grandeur de ſes miſericordes, & les effects de ſa bonté paternelle.

C'EST CETTE RAISON qui nous a porté depuis cinq ans à donner au public quelques fidelles Relations de ce qui s'eſt paſſé dans Paris pour l'aſſiſtance de ſes Pauures pendant les mouuemens qui ont agité cette ville capitale du Royaume, & pour le ſoulagement de pluſieurs Prouinces, & entr'autres de la Picardie & de la Champagne. Mais comme par la ſuitte du temps ces feüilles volantes ſe ſont facilement égarées, & que pluſieurs particuliers ont témoigné les vouloir conſeruer, nous les auons recueüillies & miſes en ordre, dans la penſée que ce petit liure ne ſera pas inutile; & qu'en repreſentant auec vne entiere ſincerité la grandeur des miſeres dont tant de perſonnes ont eſté affligées, & la maniere auec laquelle on les a ſecouruës, il ſeruira d'vn puiſſant motif à ceux qui le liront, pour les porter encore aiourd'huy à ſoulager celles qui reſtent par les meſmes moyés dont on s'eſt ſeruy auec tant de ſuccés.

QVE S'IL SE TROVVOIT des perſonnes aſſés dures & aſſés inſenſibles pour n'eſtre point touchés par la conſideration de ces exemples, nous eſperons qu'ils ſe rendront au moins à l'authorité des Saints Peres de l'Egliſe, qui parlent auec tant de force ſur cette matiere dans les liures de L'AVMOSNE que l'on a depuis peu données au public, & dont nous auons crû deuoir

Les liures de l'Aumoſne ſõt

extraire quelques passages des plus clairs & des plus pressants, & les mettre à la teste de ces RELATIONS, pour faire voir aux Laïques & aux Ecclesiastiques quel doit estre l'vsage de leurs biens, & iusques où va leur obligation à secourir les necessiteux & les miserables. C'est dans l'Eloquente Preface de ces doctes liures que l'on verra la naissance de cette entreprise sainte, & le premier progrés de ces assemblées de plusieurs personnes vnies pour la charité, & ce qui s'y passa l'année 1651. Les trois années suiuantes n'ont pas receu vne moindre benediction; Paris se ressouuient assez des assistances répanduës dans ses fauxbourgs & dans ses villages voisins pendant l'année 1652. Les mesmes Prouinces de Picardie & de Champagne ressentent ce qui s'est fait chez elles les deux années suiuantes; leurs Eglises ont continué à estre ornées; leurs Pasteurs entretenus; leurs Pauures nourris & reuestus, en sorte que cette derniere dépense jointe à celle des années precedentes, peut exceder sans exaggeration la somme de *six cens mil liures*.

imprimés en l'année 1650. & se vendent chez la Veuue Durand & chez le Mire ruë S. Iacques

S'IL SE REMARQVE en cette histoire des choses non communes, & qui surpassent la creance ordinaire, nous auons les originaux en main pour en faire voir la verité, & il ne faut pour en estre conuaincu, que se remettre deuant les yeux quel a esté l'estat de la France pendant ces cinq années, & en quelle maniere elle a esté agitée ou par la rigueur de la famine, ou par l'excessiue charté des bleds, ou par la fureur des guerres domestiques, ou par la longueur des estrangeres.

IL NE NOVS RESTE pour la conclusion de ce discours qu'à conjurer ceux qui verront quel a esté le ſuccés de leurs aumoſnes, par l'heureux épanchement qu'ils en ont fait ſur les miſerables, de continüer iuſques à la fin dans la pratique d'vne ſi excellente vertu, eſtant certain qu'ils ne manqueront iamais d'occaſion pour l'exercer, & qu'ils ont trouué la voye Royalle pour aller au Ciel. Et quant à ceux dont le cœur s'eſt reſſerré au recit de tant de miſeres, & qui ont bouché les oreilles à la voix de tant de celebres Predicateurs qui les ont annoncées dans Paris par les ordres de Monſeigneur l'Archeueſque; Nous les ſupplions par la charité de celuy qui n'en a pû auoir de plus grande, que de donner pour eux & ſon Sang & ſa Vie, de penſer ſerieuſement aux peines eternelles de ce Riche malheureux, *où* (comme dit vn Pere de l'Egliſe) *les bourreaux qui le tourmentent ne ſe laſſent point, & où le criminel qui eſt tourmenté ne meurt point.* De conſiderer qu'il leur reſte encore du temps pendant qu'ils ſont au monde pour regretter leur impitoyable auarice, en couurant la multitude de leurs pechez par de grandes aumoſnes, & par vn veritable changement de leur vie criminelle. La porte ne leur en eſt pas fermée; la calamité regne encoı de toutes parts; les pauures honteux ne ſont pas moin. affligés qu'ils eſtoient; les meſmes Prouinces ſont encore deſolées; la meſme Compagnie continüe à leur diſtribüer ce que la charité leur enuoye. Enfin nous leur donnons le meſme conſeil que donna le Prophete Daniel à vn grand Roy. *Rachetez vos pechez par des aumoſnes, & vos injuſtices par des œuures de miſericorde enuers les pauures, peut eſtre que Dieu vous pardonnera vos pechez,* DANIEL 4. VER. 24.

EXTRAIT

EXTRAICT DE QVELQVES PASSAGES DE L'ESCRITVRE SAINTE, AVTORITEZ ET EXEMPLES DES SAINTS PERES, CONCERNANT le ſoulagement des Pauures dans les neceſſités publiques.

PREFACE.

Comme les actions ſont plus efficaces que les paroles, & que l'on connoiſt de la bonté de l'arbre pluſtoſt par le fruict que par les feüilles; La connoiſſance que nous auons de l'approbation qu'ont reçeu nos Relations, touchant les Pauures de Picardie & Champagne, beaucoup plus par la liberalité de ceux qui les ont leuës, que par tout autre diſcours : nous a obligez de ſupplier quelques perſonnes, dont la Charité n'eſt pas moindre que la Science, de donner au public vn abbregé des ſentiments des Eſcritures Diuines, & des Saincts Peres Grecs & Latins, ſur le ſujet de l'Aumoſne, afin d'exciter leur zele à ne ſe pas laſſer au milieu de la courſe; & faire vn effort tout nouueau à donner la vie à ceux de la calamité desquels ils n'ont veu qu'vn leger crayon par ces fidelles Relations. Nous pouuons adjouster que les derniers aduis ne diminuent point ce que nous en auons dit. Tous les animaux jettez à la voyrie sont consommez qui leur ont tenu lieu de leur pain de chaque jour, ils sont reduits aux herbes et aux racines sauuages. Si nous n'appaisons la colere de Dieu par vne puissante liberalité enuers les Pauures pour obtenir de sa bonté vne heureuse & abondante recolte, l'on n'ose arrester la pensée sur les choses que l'on peut preuoir, nous esperons que la lecture de ce liure dont nous donnōs cét abregé, nous fera connoistre quel est nostre deuoir en ce temps de calamités, & que l'Esprit Saint descendu en nos cœurs en ce saint jour auquel il remplit ceux de ses Disciples, nous rendra en quelque sorte imitateurs de ceux dans lesquels il a operé des actions si miraculeuses pour le soulagement de leurs freres.

ORDONNANCE DE IESVS-CHRIST, touchant l'Aumosne.

VENDEZ ce que vous possedez, & donnez l'Aumosne. Faites-vous vn tresor dans le Ciel qui ne déperisse jamais; Car où est vostre tresor, là est vostre cœur. *S. Luc. 12. v. 33.*

Faites vous des amis des fausses richesses, afin qu'aprés vostre mort ils vous reçoiuent dans les Tabernacles Eternels. *Luc. 16. v. 9.*

Si quelqu'vn a des biens de ce monde, & que voyant son frere en necessité il ne soit point touché de compassion pour luy, & ne l'assiste point dans ses besoins, comment est-ce que l'on peut croire qu'il a de l'amour pour Dieu. Mes freres n'aymons pas de parole ny de la langue, mais en œuure & en verité. *S. Iean. 1. v. 17.*

Exemple de la charité des Chrestiens d'Alexandrie durant la famine & la peste, qui desola l'Empire Romain en l'an 312. rapporté par Eusebe. Lib. 9. Hist. Eccl. c. 7.

Toutes les ruës, *dit-il*, & toutes places retentissoient du bruit des plaintes, des gemissemens & des pleurs : Et l'on ne voyoit dans toutes les Villes qu'vn triste & miserable spectacle de personnes qui fondoient en larmes. Ces deux fleaux de Dieu, comme deux dards lancez de la main Diuine, consumerent en peu de temps presque toutes les familles: Et l'on voyoit tirer en vn mesme jour deux ou trois corps morts d'vne maison.

Ce fut en ce temps & en cette occasion que tout le monde vit paroistre des marques illustres de la Charité nompareille, & de la pieté rare des Chrestiens enuers toutes sortes de personnes; car ils estoient les seuls, qui dans ce comble de maux tesmoignoient de la bonté & de la tendresse par leurs bonnes œuures, & par leur officieuse assistance. Les vns s'employoient tout le jour à enseuelir & à enterrer les morts, (y en ayant vn nombre infiny qu'on laissoit sans sepulture,) les autres assembloient en vne trouppe tous ceux de la Ville qui estoient pressez de la faim, & leur distribuoient du pain à tous. La renommée constante & certaine de ces actions si excellentes & si genereuses se respandit auec tant d'esclat & tant de celebrité dans toutes les Prouinces de l'Empire, que chacun publioit les loüanges & la gloire du Dieu des Chrestiens, & confessoit qu'ils monstroient par effect & par œuures qu'eux seuls estoient les veritables Adorateurs du Dieu Tout-puissant.

Ces desolations ne sont pas moindres maintenant en Picardie & Champagne; & ont esté pareilles en plusieurs autres Prouinces du Royaume pendant la famine en 1650.

Constantin premier Empereur Chrestien.

Belle Loy de cét Empereur, pour faire assister les peres qui n'auoient pas moyen de nourrir leurs enfans. L. 1. Cod. Theod. De alimentis.

Ie veux, *dit-il*, que l'on graue sur des tables d'Airain ou d'autre matiere par toutes les Villes d'Italie cette Loy nouuelle, qui arrestera les mains parricides des peres enuers leurs enfans, & changera en mieux leurs vœux & leurs esperances. Ayez vn soing particulier, qu'aussi-tost qu'vn pere vous apportera vn de ses enfans, peu de jours aprés qu'il sera venu au monde, lequel il ne puisse pas nourrir à cause de sa pauureté, vous fournissiez aussitost ce qui est necessaire pour la vie & le vestement de l'enfant; vne necessité si pressante ne pouuant souffrir de delay ny de lenteur. Et je veux que vous preniez, tant sur nostre domaine public & imperial que sur nostre reuenu particulier les despenses qu'il conuiendra faire pour cét Office de charité.

Saint Basile Archeuesque de Cesarée en Capadoce en l'Homelie contre l'auarice. Tom. 1.

Ce Saint montre que nous ne sommes proprement que les dispensateurs de nostre bien, & que c'est voler les Pauures que de ne leur pas donner ce qui nous est superflus.

Vous me direz, *dit-il*, à qui fais-je tort si je retiens & conserue ce qui est à moy? Et moy je vous demande quelles sont les choses que vous dites estre à vous? De qui les auez vous receuës, & d'où les auez vous apportées pour passer la vie presente? Car vous faites comme vn homme, qui estant entré dans l'amphitheatre, aussi tost qu'il se seroit hasté de prendre les places que les autres pourroient prendre, les voudroient tous empescher d'entrer, appliquant à son seul vsage ce qui est exposé à l'vsage commun de tous. C'est ainsi que font les riches. S'estant mis les premiers en possession des choses qui sont communes, ils se les rendent propres en les posse-

dans:

dans : Car si chacun ne prenoit que ce qui luy est necessaire pour sa subsistance, & qu'on donnast le superflus aux indigens, il n'y auroit ny riche ny pauure.

N'estes-vous pas sorti nud du ventre de vostre mere, & ne retournerez-vous pas nud dans la terre ? D'où vous sont donc venus ces biens presens ? Si vous dites que c'est du hazard : vous estes impie, puis que vous ne reconnoissez pas celui qui vous a creé, & n'auez que de l'ingratitude pour ses bien-faits. Que si vous confessez que vous les auez receus de Dieu, dites-moy pourquoy ils vous sont escheus plustost qu'à vn autre ? Car Dieu n'est pas injuste dans le partage inégal qu'il fait entre les hommes de ce qui est necessaire pour la vie ? Pourquoy donc estes-vous riches, & pourquoy celuy-là est-il pauure ? Certes, ce n'est pour autre sujet, sinon afin que vous qui estes riches receuiez la recompense d'vne fidelle administration, & d'vne liberale dispensation de vostre bien, & que ce pauure soit honoré des recompenses illustres de la patience. Cependant lors que vous embrassez & retenez tout auec les bras d'vne insatiable auarice, & que vous priuez tant de personnes du secours qu'elles en pourroient receuoir, vous croyez n'offenser personne.

Dites-moy je vous prie qui est celuy qu'on doit estimer auare ? C'est celuy qui n'est pas content de ce qui luy doit suffire. Qui est celuy qu'on doit regarder comme vn volleur ? C'est celuy qui s'approprie à luy seul ce qui est à plusieurs particuliers. N'estes-vous donc pas vn auare & vn voleur, vous qui rendez propre à vous seul ce que vous auez receu pour le communiquer & le distribuer à plusieurs ? Si on appelle voleur celui qui dérobe vn habillement, doit-on donner vn autre nom à celuy qui pouuant, sans s'incommoder, habiller vn homme qui est tout nud, le laisse tout nud. Le pain que vous retenez chez vous, & dont vous auez trop pour vostre famille, est aux pauures qui meurent de faim : les habillements que vous gardez dans vos armoires sont à ceux qui sont tout nuds : les souliers qui moisissent chez vous, sont à ceux qui n'en ont point : l'argent que vous tenez caché dans la terre, c'est à ceux qui sont ruïnez. Comment estes-vous si dur, que de faire injures à tant de personnes, à qui vous pouuez faire tant de bien ?

Ces discours sont beaux, me respondez-vous ; mais l'on est encore plus beau. Il est certain qu'il arriue lors que nous preschons l'Aumosne à des auares, ce que l'on voit arriuer lors qu'on parle de la chasteté à des impudiques. Car comme ceux-cy entendant parler auec mespris des courtisanes qu'ils ayment, & deshonorer leur infame passion, s'irritent de ces discours, & s'embrasent d'vn nouueau feu, qui les deuore auec plus de violence qu'auparauant, de mesme ceux-là conçoiuent vn nouuel amour pour les richesses, plus ils entendent auec aigreur les reproches qu'on leur fait de leur honteuse auarice.

Mais comme les actions sont encore plus eloquentes que les paroles, voyons en quelle maniere il a prattiqué luy-mesme, & fait prattiquer aux riches de son Diocese, ce qui leur a enseigné.

Vne grande & prodigieuse gresle ayant desolé vne partie de l'Orient & entr'autres la Cappadoce. Saint Gregoire de Nazienze dans l'Oraison funebre en l'honneur de ce Saint, rapporte ce qu'il fit pour le soulagement des Pauures. Orat. 20.

Il n'y a rien, dit-il, de plus dur, ny de plus cruel que l'auarice insatiable de ceux qui ont de grandes prouisions de bled, & qui obseruent les temps & les saisons où il est le plus cher : qui trafiquent de la necessité publique, & qui font leur moison de la misere des autres, qui n'escoutent point l'Escriture, qui declare que celuy qui cache son bled attendant le temps où il sera le plus cher, est en execration aux peuples ; & qui fermant les entrailles de leur charité à leurs freres, se ferment celles de la misericorde de Dieu, ne considerant pas que leur assistance n'est pas si necessaire aux Pauures, que celles de Dieu leur est à eux-mesmes. Mais Basile fit ouurir les greniers des riches par ses prieres & ses exhortations, & par ce moyen il donna du pain aux Pauures, & les nourrit durant la famine. Il les faisoit assembler tous en vn lieu, de tout sexe & de tout âge, hommes & femmes, jeunes & vieux, & leur seruoit de toutes sortes de viures ; Il leur faisoit apporter de grandes marmites toutes plaines de potages & d'herbes cuites auec du sel : Il prenoit vn linge deuant soy, & leur lauoit les pieds, à l'imitation de IESVS-CHRIST, & les faisoit aussi lauer à ses compagnons : ayant soin d'edifier leurs ames par cét honneur qu'il leur rendoit, comme il soulageoit leurs corps par la nourriture, & adoucissant ainsi en ces deux manieres leur deplorable condition. Tel estoit ce second Ioseph, qui me sembloit en ce poinct plus admirable que le premier : parce qu'il ne tiroit pas du profit de la famine comme l'autre, & n'achetoit pas la seruitude de l'Egypte par la distribution des bleds. Mais exerçoit vne liberalité toute gratuite : Et de plus adoustoit l'Aumosne spirituelle à la corporelle: ce qui est vn don beaucoup plus parfait, & vne Charité vrayement celeste & sublime. Car la parole Sainte est le pain des Anges, dont les ames qui ont fain de Dieu sont nourries & rassasiées. Basile estoit le plus riche dispensateur que j'aye veu de cette nourriture qui n'est pas materielle & passagere, mais diuine & perpetuelle, quoy qu'il fust l'homme le plus Pauure que j'aye connu.

Cét exemple doit donner courage à ceux qui trauaillent à imiter les actions de ce grand Saint, en soulageant les Pauures de Champagne & Picardie, & autres Prouinces affligées, mesmes les Faux-bourgs de Paris.

Saint Iean Chrysostome Patriarche de Constantinople.

Chapitre. I.

Vehemente reprehension des riches, qui par leur luxe & leur auarice manquent aux deuoirs de la Charité. Homil. 66. Tom. 1.

Le Prophete Amos, dit-il, reproche aux Iuifs auec vehemence leurs somptuositez, & leurs delices. Ils boiuent, dit l'Escriture du vin le plus delicieux: ils se parfument de parfums les plus excellens; & dorment dans des lits d'yuoire. Si ces Iuifs estoient dignes de la reprehension du Prophete, lors que parmy eux tout estoit charnel: qu'on ne parloit point des choses celestes; & que la religion Iudaïque n'estoit qu'vne introduction à la verité Chrestienne. Que deuons nous dire aujourd'hui de la molesse & du luxe des Chrestiens mesmes? S'il y a sujet de reprendre l'vsage des lits d'yuoire, quel pardon pourront trouuer ceux qui n'ont pas seulement des lits d'yuoire, mais qui les couurent d'argent, & qui en ont mesme de pur argent, & non seulement des lits mais des sieges, des marmites, des vases, & jusques à des pots de chambre? Quelle raison peuuent-ils apporter pour leur excuse & pour leur defense?

Mais ce que je trouue encore de plus criminel, c'est qu'ils ont amassé ces richesses des miseres de leur prochain. Ce que le Prophete ne reprenoit point aux Iuifs en les reprenant de leurs delices. Lors donc que ces delices sont accompagnées d'offence & de crime, qui pourra deliurer du dernier supplice, qui est celuy des flammes eternelles ceux qui en sont coupables? Quel Noé, quel Iob, quel Daniel pourroit interceder pour eux? nul Saint ne le sçauroit faire. Il faut dire contr'eux cette parole de Dieu dans le Prophete: Ma fureur s'embrasera; & l'on verra s'esleuer en l'air la fumée de l'embrazement. Ie vous prie de me dire, si ce n'est pas auec droit & auec raiſon que l'on eſt remply & transporté d'indignation & de colere, lors qu'on voit qu'vn homme n'a pas meſme ce qui lui eſt neceſſaire pour viure, & que vous cependant ſans ſujet & par vn luxe vain & abſolument inutile, vous auez tant de meubles & tant de vaiſſelle d'argent, dont vous ne vous ſeruez pas meſme pour l'oſtentation & pour la pompe.

CHAPITRE II.

Diſcours du Saint plein de zele contre les femmes qui employent en vanitez & ſuperfluitez le bien dont elles deuroient aſſiſter les Pauures.

N'eſt-ce pas vne folie d'auoir des vaſes d'or, des marmites d'or, des boëtes de parfums d'or? Et ne voyons-nous pas que les femmes, (j'ay honte de le dire, mais il eſt neceſſaire de le dire) ont meſmes des pots de chambre d'argent, n'en deuriez-vous pas rougir? IESVS-CHRIST meurt de faim en la perſonne des Pauures, & vous cependant prenez plaiſir à ces ſomptuoſitez & à ces folies. Combien en ſerez vous chaſtiez vn jour? Et puis vous me demãdez, d'où viennent tant de maux que nous voyons aujourd'huy au monde; & pourquoy Dieu ſouffre tant de brigandages, tant de parricides, & tant d'autres malheurs & de ruïnes apres que le demon poſſede noſtre ame, l'agite & la déchire en tant de pieces? La ſageſſe & la moderation Chreſtienne ne ſouffre pas ſeulement que l'on ait des tables d'argent, & des plats d'argent; & encore cela eſt-il de ſomptuoſité & de luxe. Mais de vouloir que des vaſes deshonneſtes & qui ne ſont employez qu'à des vſages tres-bas & tres-vils, ſoient auſſi d'argent; cela n'eſt pas tant de la vanité du luxe, que de l'egarement de l'eſprit, & ce qui eſt pis encore, de l'aueuglement du cœur.

Ie ſçay que pluſieurs me raillent, & me decrient à cauſe que je combats cét abus! Mais je ne m'en ſoucie pas pourueu que mes diſcours faſſent quelque fruict & ſoient vtiles à quelques-vns. Certes il faut auoüer que les richeſſes rendent les perſonnes folles & inſenſées. S'ils en auoient aſſez pour changer les elements, ils ſeroient capables de vouloir que la terre fuſt d'or, & les murailles d'or; & peut-eſtre que le ciel & l'air fuſſent encore d'or. Quelle fureur? quelle fiévre? quelle manie? vn homme qui eſt fait à l'image de Dieu meurt de froid, & vous voulez cependant que des vaſes qui ſont honteux ſoient auſſi pretieux & auſſi riches que ceux qui ſont honorables. O faſte! ô vanité! vn fou feroit-il autre choſe? Eſtimez-vous tant vos excrements, que vous vouliez qu'ils ſoient receus dans de l'argent.

Ie sçay, mes freres, qu'en escoutant cecy vous estes tout estonnez & tout honteux : Mais ce sont les femmes qui font cela qui en deuroient estre honteuses. Et leurs maris mesme qui leur complaisent, & qui les entretiennent dans leurs maladies d'esprit, en deuroient rougir de honte. Car il y a en cét excez de l'intemperance, de l'inhumanité, de la cruauté, de la barbarie & de l'insolence. Le demon feroit-il pis d'estre si somptueux en meubles & si dur enuers les Pauures? A quoy nous sert-il d'estre instruits par IESVS-CHRIST? A quoy nous sert la foy Chrestienne, si l'on tolere des abus dignes des Payens ou plustost des diables.

Si selon la doctrine des Apostres vne femme Chrestienne ne doit pas orner sa teste auec de l'or & des pierreries, quel pardon pourront trouuer celles qui font seruir l'argent à vn vsage si bas & si abjet? Car il ne leur suffit pas d'auoir des chaises & des escabeaux qui sont tout d'argent, tant la superfluité & la vaine gloire regne parmy elles. Ie croy que si elles osoient elles pousseroient plus loin leur folie, & quelles voudroient auoir des cheueux enchassez dans de l'or, & des levres & des sourcils émaillez d'or. Et afin que vous ne croyez pas que je dise cela en riant & sans fondement, il faut que je vous rapporte ce que j'ay appris comme tres-veritable & qui se fait encore aujourd'huy. C'est que le Roy de Perse presentement a vne barbe d'or : ses barbiers ayans l'industrie d'enchasser chaque poil de sa barbe dans de l'or : mais cette folie est tout a fait monstrueuse. Gloire vous soit renduë, ô mon Sauueur IESVS-CHRIST, qui nous auez comblez de tant de biens pour nous rendre sages, qui nous auez deliuré de tant de monstres & de tant d'egarements qu'enfante l'esprit humain.

Sçachez donc que je ne vous conseille pas seulement de renoncer à cét abus : mais que je vous presche : que je vous declare; que je vous ordonne de le faire. L'entende qui voudra ; & qui ne voudra pas l'entendre n'execute pas s'il veut ce que je lui dis ; mais si vous continuez dans cét excez je ne vous souffriray plus; je vous fermeray l'entrée de l'Eglise & ne permettray pas que vous passiez le seuil de la porte. Pensez-vous que pour celebrer l'Office j'aye besoin d'vne troupe de malades d'esprit, comme vous estes, & que je puisse en vous instruisant ne vous pas deffendre des choses qui ne sont pas seulement superfluës mais illegitimes, puis que S. Paul a deffendu l'vsage de l'or & des pierreries pour les ornemens des femmes fideles? Les Payens se mocquent de nous, & voyant la corruption de nos mœurs, ils tiennent les regles de la discipline Chrestienne pour des contes & pour des fables. Ce que je dis pour les femmes, je le dis aussi pour les hommes. Si vous venez au Sermon pour apprendre à viure selon l'Euangile, & comme à vne escole de la doctrine spirituelle, quittez ce faste & ce luxe. Si quelqu'vn ne le quitte pas je ne le souffriray plus. IESVS-CHRIST n'ayant que douze Disciples, leur dit: Ne voulez-vous pas aussi vous en aller cōme les autres? Car si nous ne faisons autre chose que vous cōplaire & vous flatter, quand vous edifierons-nous, & quand vous seruirōs-nous?

Saint Augustin Euesque d'Hypone.

CHAPITRE I.

Ce grand Saint autant remply du feu du S. Esprit pour publier la necessité de l'Aumosne que pour deffendre la Grace de IESVS-CHRIST, *décrit en la personne du mauuais riche bruslant dans les flammes de l'enfer le mal-heur des riches auares qui ne la font point aux Pauures.* C'est dans le Sermon 24. sur S. Luc, où il dit.

Ce Riche est vn superbe du siecle pendant sa vie: Mais apres sa mort est vn mendiant de l'enfer. Car le Pauure ne pouuoit trouuer vne miette de pain, & ce riche ne pouuoit trouuer vne goutte d'eau. Or dites-moy maintenant lequel de ces deux du Pauure & du riche est bien mort, ou est mal mort? N'interrogez pas vos yeux mais consultez vostre cœur. Car si vous n'interrogez que vos yeux ils vous feront vne responsе qui vous portera dans le faux & dans l'erreur, n'ayant rien paru que d'honorable & de pompeux dans la mort du riche. Si vous interrogez vos yeux, il est tres-bien mort; Que si vous interrogez vostre foy & vostre esprit interieur, il est tres-mal mort. Que si les superbes conseruateurs de leur bien, & qui n'en donnent rien aux Pauures, meurēt si miserablement, comment meurent ceux qui s'enrichissent du bien d'autruy? Ie vous ay donc annoncé vne verité importante lors que je vous ay dit: viuez bien de peur que vous ne mouriez mal; Il n'y a que le temps & l'estat qui suit la mort, qui prouue si la mort a esté bonne ou mauuaise. Soyez donc Charitables, mes freres. Considerez les Pauures, soit qu'ils soient couchez par terre, soit qu'ils marchent. Que le nombre des Aumosnes croisse, puis que le nombre des fidelles croist. Vous ne voyez pas encore le bien que produit la Charité. Lorsque le laboureur seme il ne voit pas encore les bleds tous venus: mais il met sa confiance en la terre. Pourquoy donc ne mettez vous pas vostre confiance en Dieu, le temps de nostre recolte & de nostre moisson arriuera.

CHAPITRE II.

Ce mesme Saint dans vn traitté intitulé, de decem chordis Chap. 11. Tom. 9. *Enseigne. Qu'en quittant les pechez mortels, il faut expier les veniels par des Aumosnes qui ne cessent point, comme les pechez ne cessent point.*

Dieu qui est doux & clement voyant nostre fragilité, a estably des remedes contre nos maux. Quels sont ces remedes? Les Aumosnes, les Ieusnes & les Prieres. Mais les Aumosnes ne doiuent pas estre imparfaites, & leur perfection consiste en deux poincts, l'vn à donner de ce que l'on a de trop à celuy qui n'en a pas assez: l'autre à pardonner à celuy qui nous offense. Mais ne croyez pas, mes freres, qu'il n'y ait qu'à commettre tous les jours des adulteres, & à les expier tous les jours par des Aumosnes. Les Aumosnes ordinaires & journalieres ne suffisent pas pour expier ces grands pechez. Il y a difference entre vne vie que l'on tolere, & vne vie que l'on change. Or celle-là se doit changer. Si vous estiez adultere, fornicateur, homicide, vous deuez ne l'estre plus. Croyez-vous que ces pechez puissent s'expier par les Aumosnes journallieres & ordinaires, si l'on ne cesse de les commettre? Ce sont les offenses venielles telles que sont les intemperances de la langue pour la parole, ou de la bouche pour le manger; les ris immoderez & les vsages excessifs des choses permises, qui s'expient par les Aumosnes journallieres & ordinaires. Mais ces Aumosnes ne doiuent non plus cesser que ces offenses qui ne cessent point.

CHAPITRE. III.

Et dans le mesme traitté au chap. 12. *Il fait voir auec grande vtilité, que l'on ne doibt pas s'imaginer estre fort Charitable, parce qu'on l'est plus que d'autres: mais considerer combien nous sommes obligez de l'estre par la Loy de Dieu.*

Lors que vous faites l'Aumosne, ne la faites pas auec vanité comme le Pharisien de l'Euangile, & ne priez pas comme luy: cependant escoutez ses paroles. Ie jeusne, dit-il, deux fois la semaine, & je donne le dixiesme de tout ce que ie possede; & toutefois le sang du Seigneur n'auoit pas encore esté respandu. Nous auons receu vn si grand prix de nostre salut, & nous ne donnons pas seulement autant que ce Pharisien. Neantmoins IESVS-CHRIST dit ouuertement en vn autre endroit: Si vostre justice ne surpasse celle des Scribes & des Pharisiens, vous n'entrerez point dans le Royaume des Cieux. Ces Iuifs donnent la dixiesme partie de leur reuenu, & vous si vous donnez seulement la centiesme vous vous en glorifiez, comme si vous auiez fait vne grande & memorable action: car vous vous reglez sur ce que les autres font, & non pas sur ce que Dieu vous a commandé de faire. Vous vous mesurez sur l'exemple des plus mauuais Chrestiens,

& non sur les ordonnances du Legislateur infiniment bon. Vous ne deuez pas juger de ce qu'vn tel & vn tel ne fait rien du tout, que vous faciez quelque chose de grand, parce que vous faites quelque peu de chose: Et cependant vous vous réjoüyssez de vos moindres œuures de vertus, vostre sterilité estant si grande qu'elle se glorifie des plus petites choses qu'elle produit. Vous entrez dans vne confiance presomptueuse, lors que vous considerez quelques grains d'Aumosnes que vous respandez, & vous oubliez les monceaux de pechez que vous amassez.

Si vous donnez en Aumosne ce qu'vn autre, ou n'a pas eu, ou n'a pas donné lors qu'il l'auoit, n'ayez point d'esgard à ce que ne fait pas celuy qui est apres vous: mais à ce que vous estes obligé de faire par la Loy de Dieu. Dans les possessions mondaines & seculieres, Vous ne vous contentez pas de ce que vous en precedez plusieurs: mais vous voulez estre riches & estre esgaux aux plus riches, sans vouloir considerer combien vous en precedez qui sont moins à leur aise que vous. Vous desirez surpasser les plus riches en richesses. Il n'y a que dans les Aumosnes, où vous voulez garder vne mediocrité d'espargne & de retenuë. C'est icy où l'on dit: Combien fais je plus d'Aumosnes que tels & tels. Et on ne dit point là: Combien suis-je plus riche que tels & tels. Pourquoy, touchant l'Aumosne ne se propose-t'on point l'exemple de Zachée, qui donna la moitié de son bien aux Pauures? Mais nous sommes reduits à souhaitter seulement qu'on se propose l'exemple du Pharisien qui donnoit le dixiesme de ce qu'il possedoit.

Chapitre IV.

Et dans le Sermon 49 de diuersis, ce grand Saint (comme Saints Cyprian, Basile, Chrisostome, & autres Peres) a tousjours conseillé à son peuple de considerer Iesus-Christ en la personne des Pauures, comme vn de ses enfans, & luy laisser vne part dans sa succession, comme à vn de ses heritiers.

Ie declare, dit-il, que je ne refuseray pas les offrandes & les donations qu'on fera à l'Eglise, pourueu qu'elles soient saintes. Mais receuray je vne succession qu'vn pere qui est en colere contre son fils, luy oste en mourant par vne exheredation testamentaire? s'il estoit encore viuant ne deurois-je pas tascher de l'adoucir, ne deurois-je pas le reconcilier auec son fils? & comment procurerois-je sa reconciliation auec son fils si ie desirois d'auoir sa succession au lieu de son fils? Mais si vn pere fait ce que ie les ay souuent exhorté de faire: si ayant vn fils, il tient Iesus Christ pour son autre fils: si en ayant deux il tient Iesus-Christ pour le troisiesme: si en ayant dix il tient Iesus-Christ pour l'onziesme & luy donne l'onziesme partie de sa succession en la laissant à l'Eglise, ie la receuray.

Ceux à qui Dieu donnera vn amour veritable & effectif pour ces veritez diuines, & pour imiter ces grands hommes, dont ils admirent les actions, ne manqueront point de faire recherche de ce Liure, par la lecture duquel ils verront vne lumiere toute esclattante du feu de la Charité qui les menera dans les maisons des Pauures, de Paris & des Faux-bourgs, qui leur fera chercher les maisons de ceux qui reçoiuent les Aumosnes pour les Pauures de ces desolées Prouinces & des Libraires qui vendent ce Liure: Sçavoir, de Iean le Myre au Chef S. Iean, & la veufue Durand au Roy Dauid, ruë S. Iacques. Fait à Paris au mois de May 1651.

INSTRVCTION POVR LE SOVLAGEMENT DES PAVVRES.

LE grand commandement du Christianisme consiste en l'amour de Dieu & du Prochain ; & le Chrestien fait connoistre qu'il est digne d'vn si grand nom, lors qu'il pratique la charité enuers les miserables. C'est vne obligation commune à tous selon leur pouuoir ; mais qui regarde plus particulierement ceux qui possedent les grandes terres & les grands reuenus : Car s'ils ont droict de les posseder & de les perceuoir ; Ils sont aussi obligez d'assister ceux qui sont dans la necessité ; Estant tres-veritable ce qu'a dit autrefois vn grand Pere de l'Eglise, que celuy-là est homicide du Pauure qui ne le nourrit pas en ayant le pouuoir.

Ceux donc qui dans la tres-grande necessité presente voudront s'acquitter de ce deuoir enuers les Pauures, & principalement de leurs Villages, pourront se seruir de cette petite Instruction, laquelle a esté déja pratiquée tres-vtilement par quelques personnes autant Illustres en pieté, qu'elles le sont par leur condition.

Il est à propos que le Seigneur, lequel veut assister les Pauures de ses Villages (comme il y est obligé selon l'estenduë de son pouuoir) aille luy mesme les visiter, ou s'il ne le peut, qu'il y enuoye quelque personne de pieté pour accompagner Monsieur le Curé du lieu, pour s'informer de leur veritable pauureté, & dresser vn memoire, lequel contiendra le nom & l'aage des peres & meres de famille, & le nombre & l'aage de leurs enfans.

Entre les Pauures qui seront escrits dans le memoire que l'on fera auec la plus exacte inquisition qu'il sera possible, il s'y en trouuera de plusieurs sortes, au soulagement desquels il faudra que la charité du Seigneur du lieu agisse diuersement, d'autant que les vns sont malades, & les autres ne le sont pas.

Pour ce qui regarde les Malades,

SI leurs maladies sont violentes, la Confrairie de la Charité, és lieux où il y en aura, les assistera en la maniere qui se pratique és Parroisses de Paris où elle est establie.

Que si les maladies sont de langueur, ou de celles que l'on appelle incurables, desquelles pour l'ordinaire lesdites Confrairies ne prennent soin : Le Seigneur du lieu, ou ses preposez y pouruoiront selon leur prudence, comme ils feront pour les malades de leurs Parroisses, dans lesquelles lesdites Confrairies ne sont, ou ne peuuent estre establies, s'ils n'ayment mieux se seruir de la methode suiuante.

Le Seigneur du lieu s'estant informé en la maniere cy-dessus prescrite, de la veritable pauureté des malades, & estant asseuré qu'ils ne peuuent estre assistez d'ailleurs, donnera ordre ou ses preposez que quelque Chrirurgien, Apothicaire ou Medecin, selon la commodité du lieu, aille visiter lesdits Malades, pour les penser & leur fournir les medicamens selon leur besoin.

Pour ce qui regarde leur nourriture, il aura soin de leur en faire fournir deux fois la semaine à raison de demie liure de viande, & vne liure ou cinq quarterons de pain pour chaque Malade par jour: Et les jours maigres outre le pain, il leur fera distribuer deux œufs au moins, & vn quarteron de beurre.

Et pour cuire les viandes, si les Malades ne le peuuent faire chez eux, le Seigneur fera en sorte par son soin & charité, que les Parroissiens les fassent apprester & cuire chacun à leur tour, & leur porter vne fois le jour. Et afin que le tout se fasse comme il faut, Monsieur le Curé allant visiter les Malades pour leur consolation spirituelle, aura soin de s'en informer, & prendra la peine d'aduertir le Seigneur s'il y manque quelque chose.

Pour ce qui est de ceux qui sont en santé,

S'Ils peuuent trauailler, il faut faire en sorte de leur donner de l'ouurage dans les saisons où ils n'en peuuent trouuer, comme seroit de remüer & porter des terres, qui est le trauail dont presques tous les Villageois sont capables depuis l'aage de dix ans, jusques à la caducité, ou bien à quelqu'autre ouurage où l'industrie n'est pas necessaire.

S'ils ne peuuent trauailler,

OV faute de trouuer de la besongne, ou bien à cause de leurs infirmitez, bas aage, vieillesse, ou surcharge d'enfans, comme il arriue aux pauures vefues, ou que par leur trauail ils ne puissent suffire à la nourriture de leur famille, ainsi que l'experience ne le fait que trop connoistre; Apres auoir pris leurs noms, aages & nombre de leurs enfans, & s'en estre informé, comme il a esté dit, il en faudra faire vn rolle & l'attacher au lieu que le Seigneur destinera pour leur fournir leur nourriture. Et pour éuiter la confusion on donnera à ceux qui serõt nourris vne marque ou cachet, afin que le representant, il soit donné autant de portions qu'il y aura de particuliers à soulager dans chaque famille, ce qui sera aussi marqué sur le rolle ou memoire qui en aura esté fait. Le nombre estant certain leur sera donné nourriture (comme par exemple s'il estoit de cent, ce qui sera obserué à proportion du plus ou du moins) selon la maniere suiuante.

Nourriture pour cent Pauures.

IL faudra remplir d'eau vne marmite ou chauderon, contenant bord à bord cinq seaux, dans laquelle on mettra par morceaux enuiron vingt-cinq liures de pain; Sept quarterons de graisse pour les jours gras, & sept quarterons de beurre pour les maigres; Quatre litrons de pois ou febues auec des herbes ou demy boisseau de nauets, ou des choux, poireaux ou oignons, ou autres herbes potageres, & du sel à proportion pour quatorze sols ou enuiron: Le tout cuit ensemble, reuenant à quatre seaux, suffira pour cent personnes, & leur sera distribué auec vne cuilliere tenant vne escullée, qui est vne portion, & en sera donné à chacune famille autant de portions qu'il y aura de testes à nourrir; Et toute cette nourriture ne reuiendra qu'à cent sols pour cent person nes, mesme en cette année ou le blé est tres-cher.

Cette methode se peut aussi obseruer en la Ville en y gardant la mesme regle, & la proportion pour la nourriture du plus grand ou plus petit nombre; Elle se peut aussi pratiquer dans chaque pauure famille, en mettant dans vn pot ce qui peut suffire pour autant de personnes qu'elle est composée, dont la despense pourra estre d'vn sol ou dix-huict deniers pour chacune.

L'on pourra adjouster ou changer à cette methode selon les denrées que chaque pays peut fournir. L'on peut mettre dans les marmites quelques viandes, comme des entrailles de bœuf, moutons ou veaux, lesquelles suppleeront à la graisse, pois & nauets, & ne cousteront pas dauantage.

Instruction pour les Pauures.

EN leur donnant la nourriture corporelle, on pourra pouruoir à la spirituelle. Principalement si la distribution se peut faire en vne mesme heure & à tous ensemble; il faudroit, s'il se peut que ce fut en vn lieu couuert, auquel on leur feroit lecture du *Pater*, *Aue*, *Credo*, & *Confiteor* en François, des Commandemens de Dieu, & de l'Eglise, & des Sacremens: lesquels ils repeteroient tous distinctement afin de les apprendre par cœur; Et si apres cela se trouuoit quelqu'vn qui leur voulust expliquer quelque article, ce seroit vn facile moyen pour destruire l'ignorance qui regne parmy les Pauures.

Que s'il se trouuoit quelque enfant orfelin & abandonné, le Seigneur prendra vn soin particulier de son education, instruction & nourriture.

Le mesme Esprit de Dieu qui l'aura porté à cette assistance, & spirituelle & temporelle des Pauures, ne luy fera pas negliger le soin des Eglises de ses Parroisses, lequel s'estendra à faire en sorte que les Parroissiens rendent le respect qu'ils doiuent à leur Pasteur; Que le reuenu des Fabriques soit fidellement administré, & les Eglises ornées auec decence.

Ce mesme Esprit le rendra vigilant auprés des Iuges pour reprimer les meschants & donner courage aux bons; Terminer les procez & querelles; Faire executer les Ordonnances contre les blasphemateurs du sainct Nom de Dieu; Empescher tout autant qu'il se pourra les Cabarets; Punir les yurongnes; Et faire au moins que les Cabaretiers ne reçoiuent personne pendant le seruice diuin; Chastier les femmes desbauchées, & les chasser hors de leurs terres; Et enfin faire en sorte que Dieu soit seruy en toute pieté & tranquilité.

Reueu & Corrigé sur l'experience, & Imprimé pour la seconde fois, A Paris au mois d'Avril mil six cens cinquante,

Par C. Savreux, Imprim. & Libraire ordinaire du Chapitre de l'Eglise de Paris, au Parvis N. Dame aux trois Vertus.

Mois de Septembre 1650.

ESTAT DES PAVVRES de la frontiere de Picardie.

Extraict de plusieurs lettres escrites par des Ecclesiastiques & autres personnes de pieté & digne de foy, parties exprés de Paris pour les secourir.

QVelques particuliers de Paris ayant suiuy le mouuement que Dieu leur auoit dōné pour soulager les Pauures des frontieres en leur pressante tribulation, les vns consacrez au mynistere des Autels, creurent qu'ils ne leur pourront faire vn plus beau don que de se donner totalement à eux. Cela les obligea de quitter le repos de la ville pour s'aduancer dans le tumulte des frontieres, les autres se porterent à les assister de leurs biens & de leurs soins, & voyans qu'ils ne pouuoient fournir à des sommes si immenses; Ils eurent recours à des personnes de pieté qui n'auoient pas la connoissance particuliere de l'estat de ces Pauures. Pour ce sujet ils furent obligez de leur faire part des lettres que ces bons Ecclesiastiques leur escriuoient, la difficulté de les escrire deuint en necessité de les imprimer, & Dieu qui fait paroistre les effects de sa bonté lors que les hommes y songent le moins, a versé vne si grande benediction sur ce trauail, que la plus part de ceux qui ont leu ou entendu le recit de ces Relations, ont ouuert les mains pour soulager leurs freres, elles ont mesmes esté enuoyées par les Prouinces du Royaume, de l'vne desquelles ayant esté enuoyé depuis peu vne somme notable. L'on a souhaitté que l'on fit reimprimer les premieres Relations pour faire voir l'ordre & la suitte de cét employ qui est l'vn des plus considerables qui soit en nos jours, puis qu'il regarde non seulement la vie temporelle d'vn tres grand nombre de personnes, mais mesmes la spirituelle qui doit estre le principal objet d'vn Chrestien dont la loy souueraine est d'aymer Dieu de tout son cœur, & son prochain comme soy-mesme.

De Guyse 26. Septembre 1650.

MAintenant, je vous escrits de Guyse où la pauureté, misere & abandon surpasse tout ce que je vous en diray. Il en est mort enuiron cinq cens depuis le Siege, & il y en a encor autant de malades & languissans, dont vne partie sont retirez dans des trous & cauernes, plus propres pour loger des bestes que des hommes: j'ay esté les visiter aujourd'huy, l'on ne sçait par où y entrer, ils y sont abandonnez de tout secours, & à peine y a-il presentement vne maison à Guyse, à laquelle ils puissent auoir recours, ny vn morceau de pain; c'est ce qui fait qu'il y en meurt tant, jusques au nombre de 12. à 15. par jour. Ie pense, Monsieur, que cela est tres-pressant pour émouuoir les entrailles de ceux qui en ont pour les Pauures, lesquels mourront la plusspart de faim faute de secours; j'aduouë qu'il faut beaucoup d'argent, mais quoy abandonnera-t'on tant de pauures miserables, qui sont dans l'impuissance de viure dauantage, si l'on ne continuë à les secourir?

De Riblemont le 26. *Septembre* 1650.

C'Est chose pitoyable de voir la misere où sont reduits les Pauures malades de Guyse, & encor plus ceux de Riblemont, où j'ay esté les visiter auant hier, tout ce que je vous en puis dire, est que je ne crois pas qu'il y ait au monde vne plus grande misere, pauureté & abandon, le nombre de ces Pauures malades est, de cent cinquante dans le seul lieu de Riblemont, sans assistance, que celle qu'on leur enuoye de Paris. Nous aurions grand besoin que l'on nous enuoyast bien tost de l'argent, parce que l'on ne peut pas autrement secourir les Pauures malades qui sont dans vne extreme necessité & abandonnez dans tous les lieux de Guyse, Riblemont, Laon, la Fere & autres lieux de Picardie, où les armées ont passé & sejourné en plusieurs endroits.

De S. Quentin les 17. 24. & 28. Septembre 1650.

IL ſe découure tous les jours de nouuelles miſeres & ſi grandes qu'à peine les oſerois-je marquer ſi elles n'eſtoient connuës de tous ceux qui ſont ſur les lieux; Chaque jour apres auoir dit la ſaincte Meſſe, & diſtribué le potage aux malades qui ſont à preſent plus de deux cens, je vais par les ruës pour découurir ceux qui tombent malades de nouueau, & mettre à couuert ceux qui ſont couchez par les ruës & empeſcher qu'aucun ne meure ſans ſoulagement, ſoit ſpirituel ou corporel. Hier je fus à deux faux-bourgs où au lieu de maiſons que l'on a fait démolir, il y a enuiron vingt-cinq chaumettes, que l'on n'auoit pas viſitées crainte des gens de guerre qui rodoient inceſſamment autour, & qui prenoient tout ce qu'ils rencontroient, en chacune deſquelles j'ay trouué deux ou trois malades, & en vne ſeule j'en ay trouué dix; ſçauoir, deux femmes vefues auec chacune quatre enfans couchez tous enſemble ſur la terre, n'ayans choſe quelconque & ſans aucun linge, nous n'auons plus quoy que ce ſoit pour les aſſiſter, ſi la charité de Paris ne continuë pour les ſecourir, faut que tout periſſe.

L'vn des Eccleſiaſtiques lequel fit hier la viſite des Pauures ayant rencontré pluſieurs portes fermées, en a fait faire ouuerture, apres auoir frappé long temps, & a trouué que les malades eſtoient ſi foibles qu'ils ne pouuoient ouurir la porte n'ayant mangé depuis trois jours, & n'ayant ſous eux qu'vn peu de paille à demy e pourrie, le nombre de ces Pauures refugiez a eſté ſi grand, que ſans le ſecours qui eſt venu de Paris, lors de l'apprehenſion du ſiege, les Bourgeois ne les pouuant nourrir auoient reſolu de les jetter par deſſus les murailles de la ville.

Nous auons vn Monaſtere de Filles de l'Orde ſaint François au nombre de cinquante, dont la neceſſité eſt telle, qu'elles ne mangent que du pain d'herbe, orge & oignons.

De la Fere 26. Septembre 1650.

LEs potages que nous auons donnez aux malades refugiez en ce lieu & à Han, ont ſauué la vie à bien du monde, ſi nous pouuons continuer ils auront le mesme effect à l'aduenir: car aussi tost que l'on manque à leur donner ils deuiennent à l'extremité de maladie. Nos pauures Religieuses Benedictines sont toutes malades, & à peine ont-elles vn pain comme celuy que l'on donne aux Soldats.

CONCLVSION.

LE secours que l'on a donné jusques à present a sauué la vie à plus de deux mille personnes, l'on n'assiste à present que les malades, lesquels sont plus de quinze cens, & la depense est telle qu'il faut au moins neuf cens liures la sepmaine, l'on ne peut mieux employer l'aumosne.

Ceux qui auront deuotion de donner, s'adresseront à Messieurs les Curez des Parroisses, ou à Mesdames les Presidentes DE LAMOIGNON *&* DE HERSE.

Mois d'Octobre 1650.

ESTAT DES PAVVRES DES FRONTIERES de Picardie, & des enuirons de Soissons où les Armées ont campé.

Extraict de plusieurs Lettres écrites par des Ecclesiastiques & autres Personnes de pieté, & dignes de Foy, parties expres de Paris pour les secourir.

NOvs auons exposé à vostre Charité l'estat des miseres des Pauures de la Frontiere pendant le mois de Septembre; Vous auez veu la description de leurs Cabanes, plus propres à loger des bestes que des Hommes; Vous auez appris à combien de personnes vos Aumosnes ont sauué la vie, sans lesquelles la plus part des Malades eussent esté jettez hors les Villes où ils s'estoient sauuez, & eussent pery sans aucun secours ny Spirituel, ny Temporel, au milieu des Campagnes; Il ne suffit pas d'auoir commencé, il faut continuer vn si bon oeuure: dont voici la suite & le succez pendant le mois d'Octobre.

De S. Quentin le 5. 10. 12. & 17. Octobre 1650.

NOvs auons reconnu vne Prouidence de Dieu toute particuliere sur nos Pauures par l'accroissement des Aumosnes qui nous sont venuës de Paris, elles ne nous peuuent arriuer que de cette part; Les meilleures Familles de ces quartiers ayant à peine moissonné pour se nourrir, & ceux qui donnoient ont besoin de receuoir.

Nous auons augmenté & fortifié nos potages par quelque viande, & multiplié les portions, chaque malade en ayant vne, au lieu qu'elle se donnoit auparauant pour deux ou trois; Cela leur donne la vie, & les remet en estat de la gagner par leur trauail; Mais à proportion nostre dépense augmente, joignant à cela la cherté du bled qui est tres-rare en ces quartiers; elle se monte à trois cens liures par semaine pour saint Quentin.

Nous auons fait vne reueuë generale de nos Pauures de la Ville

& Faux-Bourgs auec vn Chanoine & Bourgeois de ce lieu ; Le nombre tant des Refugiez que des Originaires est de 250. dont il y en a plus de 120 affligez de discenterie, & les autres de fiéures ordinaires. Les poudres que nous auons fait prendre à ceux là leur ont donné grand soulagemẽt ; Nous en auons besoin pour continuer ce remede. Ce qui va redoubler nostre dépense est, qu'il est necessaire de leur donner du bois pour faire vn peu de feu, & quelques chemises, ou meschante couuerture pour leur sauuer la vie ; car l'humidité de leurs Cabanes à demy découuertes, la paille pourrie sous eux, & la nudité en laquelle ils sont, les rend tous transis de froid, & ce fleau n'est pas moindre que celuy de la faim, & empesche leur guerison. Vous voyez combien il est necessaire que vostre Charité s'échauffe pour nous enuoyer de l'argent. Les Religieuses de l'ordre saint François ont receu grand soulagement en leurs miseres par le secours de leurs bien-faicteurs, elles l'implorent pour leur ayder à acheter vn peu de bled.

De Guyse les 8. 11. & 13. Octobre 1650.

APRES auoir cherché pendant prés de quinze jours les moyens d'establir les potages en ce lieu, ne pouuant trouuer les vstenciles necessaires. Enfin, graces à Dieu, nous les auons establis le 10. du courant, & la premiere distribution fut pour 300. Personnes, la plus part malades de dissenterie, ausquels nos poudres donnent grand soulagement. Le nombre croist chaque jour ; il est de pres de quatre cens, sans compter les Familles honteuses que l'on nous asseure estre de plus de cent, ausquelles nous donnerons le secours selon nos forces ; Enfin pour vous depeindre en peu de mots la misere de ce lieu, quelques-vns des nostres qui ont esté en Lorraine pendant la grande affliction, trouuent celle-cy plus grande ; jugez par là quel besoin, nous auons de vostre secours, il nous faut 400. liures la semaine pour ce lieu.

Nous auons esté à Marle ; non sans grand danger d'estre volez, comme plusieurs autres l'ont esté : Mr le Curé nous a asseuré que depuis deux mois il a enterré plus de trois cens personnes, entre lesquels il estime qu'il y en a vn cent qui sont morts faute d'assistance. Le nombre des Pauures est de 70. ou enuiron. L'on y va commencer le potage, Ce sont trois filles tres-pieuses lesquelles en auront le soin; Voila encore vne nouuelle dépense.

De la Fere les 4. 16. & 18. Octobre 1650.

NOVS vous auons rendu compte de ce que nous auons fait à Guyse & à Marle, vous sçaurez par celles-cy ce que nous auons fait aux autres lieux.

A LAON l'on a augmenté & fortifié les potages, donné vn peu de viande & œufs à nos Malades, dont la misere redouble par le froid, n'ayans ny habits, ny couuertures, ils sont au nombre de cent cinquante, il en meurt beaucoup, mais il nous en reuient de nouueaux.

A HAN le nombre diminuë, nous en auons guery plusieurs, ils gagnent leur vie; il nous reste 25. Malades ou enuiron.

A RIBLEMONT nos Malades sont autant abandonnez pour le Spirituel que pour le Temporel, nous y faisons le possible pour les assister en l'vn & en l'autre, ils sont 122. Nous leur donnons pain & viande, mais comme les viures sont bien plus chers qu'à Paris, nostre dépense est grande.

Quant à la FERE, plusieurs de nos Malades se sont retirez apres leur guerison; Nous auons fait vne nouuelle reueuë, ils sont plus de cent, pour le soulagement desquels nous auons estably trois marmites, deux aux Faux-bourgs & vne à la Ville, Il y a des personnes en ce lieu qui en prennent le soin.

Nous allons faire nos efforts pour ceux de Veruins où le delaissement n'est pas moindre qu'aux autres lieux. Nostre despense ira à huict cens liures la semaine, sans comprendre celle de sainct Quentin.

Les Religieuses de la Fere ont receu la vie par le moyen de ce qu'on leur a donné, Elles prient Dieu sans cesse pour leurs bien-faicteurs, & implorent la continuation de leur secours.

De Basoche, Fismes, Breines & lieux circonuoisins, escrites par Messieurs les Curez, les 15. & 17. Octobre.

NOs bourgades ne sont que trop celebres par le campement des Armées ennemies que nous auons souffertes pendant vn mois, l'on ne peut douter de nos miseres, mais il est inconceuable quel est le traittement que nous auons receu,

Nos Eglises ont esté prophanées, les Calices & Ornemens emportez, les saincts Cyboires arrachez de nos Autels, nos pauures Parroissiens ont vescu dans les bois & dans les cauernes où les vns ont esté massacrez par l'Ennemy, les autres enfumez comme des renards: Et par ainsi des familles entieres ont esté estouffées, quelques vns ont esté enleuez dans leur Armée pour assouuir leur brutalité: Ce qui nous en reste souffre à present la faim, le froid & la maladie, car il ne leur est pas resté vn grain de bled, à peine leur a-on laissé la chemise, il faut qu'ils perissent si Dieu ne suscite quelques personnes pour les soulager par leurs aumosnes. Il nous en meurt si grand nombre que dans le seul lieu de Basoches, nous en auons enterré cinquante en trois iours, nous n'y pouuons subuenir, & nos Confreres des villages voisins sont morts ou maldes, ou sont sans habits & sans pain. Cela fait que nostre Peuple est sans Pasteur, sans Sacremens, sans pain, & sans aucun secours: car le plus riche de ces contrées ne peut pas donner cinq sols. Nous vous exposons nos miseres esperant que Dieu donnera quelque remede à nos maux, & que le bien que vous nous ferez vous empeschera de tomber dans vn pareil malheur.

CONCLVSION.

CE que vous auez leu doit suffire pour vous obliger à faire effort pour soulager non seulement quinze ou seize cens Pauures Malades des Frontieres, dont la despense excede mille liures par semaine, mais à ne pas laisser perir nos voisins ausquels l'on va trauailler pour donner quelque assistance & Spirituelle & Temporelle.

Ceux qui auront deuotion de donner, s'addresseront à Messieurs les Curez des Parroisses, Ou, à Mesdames les Presidentes DE LAMOIGNON & DE HERSE.

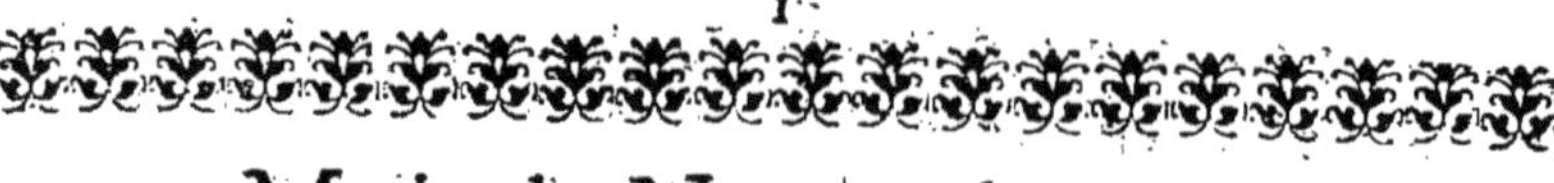

Mois de Nouembre 1650.

Suitte de l'estat des Pauures des Frontieres de Picardie, & des enuirons de Soissons où les armées ennemies ont campé, Et du soulagement qu'ils ont receu.

Extraict de plusieurs lettres escrites par des Ecclesiastiques & autres personnes parties exprés de Paris pour les secourir.

LES deux precedentes Relations données aux mois de Septembre & Octobre, ont fait assez connoistre la necessité de cét employ; L'on a creu neantmoins celle-cy trop importante pour estre passée sous silence. Il s'agit de donner la vie à plus de deux mil six cẽs Malades; Et pour cela le fond de six mil liures par mois à peine pourra-il suffire. Il s'agit de leur procurer la vie de l'Ame, en trauaillant à leur faire administrer les Sacremens, en donnant assistance aux pauures Curez, & quelques Ornements aux Eglises pour celebrer la saincte Messe. Voicy le particulier de ce qui a esté fait, & de ce que l'on doit faire.

De Bazoches, Brennes, Perle, & autres lieux où l'armée de l'Archiduc a campé, les 3. 5. & 14. Nouembre 1650.

POVR vous rendre compte de ce que nous auons fait depuis nostre depart de Paris. Nous arriuasmes à Bazoches le 3. du courant, au matin. Nous auons fait la visite des Pauures de ce lieu, & des autres Villages de cette Vallée, où ce que nous auons veu surpasse tout ce que l'on vous en a mandé: Car pour commencer par les Eglises, elles ont esté profanées, le Sainct Sacrement foulé aux pieds, les Calices & les Ciboires emportez, les Fonts Baptismaux rompus, les Ornemens pillez; En sorte qu'il y a plus de vingt-cinq Eglises en cette petite Contrée, où l'on ne peut celebrer la Saincte Messe. Ie n'ose vous parler du traitement que les Femmes & Filles ont receu; Mais je diray à la gloire de quelques vnes, qu'elles y ont perdu la vie pour conseruer leur honneur.

Les Habitans de ces lieux sont morts la pluspart dans les bois, pendant que l'Ennemy occupoit leurs maisons. Les autres y sont reuenus pour y finir leur vie: Car nous ne voyons par tout que Malades de fiévres chaudes & dissenteries, couchez sur la terre, & dans des maisons à demy démolies & découuertes, sans aucune assistance, n'ayant ny pain, ny bois, ny couuertures. Nous trouuons les viuans auec les morts, de petits enfans aupres de leurs meres mortes, n'ayans autre secours que celuy qui leur est venu par nostre Ministere. Enfin c'est vn coup de la Prouidence Diuine, d'auoir suscité des Personnes pour soulager ces Malades; Ils sont plus de douze cens, jugez quelle sera la dépense; donnez-leur vostre argent, nous leur consacrons de bon cœur nostre vie.

De Guyse, Riblemont, Laon, la Fere, Marle, Veruins & autres lieux, les 2. 5. 7. 14. & 16. Nouembre, 1650.

NOvs vous supplions de continuër vostre secours, car tant s'en faut que le nombre de nos Malades diminuë, la rigueur de la saison, les pluyes, & le froid les font augmenter: Car par tous les lieux susdits où nous allons sans cesse, les Pauures n'y ont ny pain, ny bois, ny linge, ny couuerture, il y en a prés de cinq cens dans le seul lieu de Guyse, & autant à proportion aux autres endroits.

Et ce qui est plus digne de larmes, est que le pauure Peuple de ces Frontieres est sans Pasteur & Secours Spirituel, la plufspart des Curez estants morts ou malades, & les Eglises ruïnées & pillées, en sorte qu'il y en a cent ou enuiron, dans le Diocese de Laon, où l'on ne peut celebrer la Saincte Messe faute d'Ornemens. Nous y faisons nostre possible, mais ce trauail est infiny: Il faut sans cesse estre entre deux chemins, exposez au peril des Coureurs, pour assister plus de treize cens Malades, qui sont dans les lieux où il a pleu à Dieu nous engager.

De S. Quentin les 5, 7, 14, & 16, Nouembre 1650.

NOVS n'auons point de parole pour exprimer les miseres que nous auons veuës depuis nos dernieres Relations, Mais si nous sommes impuissans en ce poinct, nous ne le sommes pas moins pour rendre graces à Dieu du secours qui est venu de Paris, sans lequel tous les malades seroient peris de faim, & s'il venoit à manquer la cessation de cette aumosne seroit la fin de leur languissante vie.

NOVS auons sondé les Bourgeois de cette ville pour les porter à contribuër; Mais ils nous ont fait connoistre qu'il leur estoit impossible, Et que quand l'on manquera de les secourir, ils seront contrains de faire sortir tous les Forains, sains ou malades, pour ne pas perir eux-mesmes. Ce qui nous fait croire qu'ils disent vray, est, qu'vn des plus considerables, & qui a en fonds plus de vingt-cinq mil escus de bien, nous estant venu demander des confitures pour sa fille malade; sur ce, que nous luy répondismes qu'elles n'estoient enuoyées de Paris que pour les Pauures; il nous repliqua la larme à l'œil, qu'il estoit bien de ce nombre, & que sa fille en cét estat n'auoit eu depuis deux jours, qu'vn peu d'eau pour toute nourriture. L'on trouua l'autre jour vn Prestre de la ville mort dans son lict, & l'on a découuert que c'estoit pour n'auoir osé demander sa vie. Iugez de là quel secours nous auons besoin de Paris, Car à present il ne nous suffit pas de donner à manger à nos malades, mais il leur faut du bois pour les chauffer, estans tous gelez de froid, couchez sur la paille pourrie, sans couuerture & sans chemise, n'ayant que des lambeaux pour les couurir, ce qui augmente nostre despense & la charté des viures. Dautant que par la prise que les ennemis ont fait de la Capelle & Catelet, ils courent jusques aux portes de cette ville, pillent & ruïnent tout, prennent à rançon nonobstant la contribution: Cela fait que l'on n'y apporte des denrées qu'auec grand peine. Le bled y est tres-cher. Les œufs y valent six liures dix sols le cent, & la liure de beurre quatorze sols, & le bois à proportion; Iugez quelle peut estre la calamité. Nous vous demandons donc l'aumosne au nom de IESVS-CHRIST, lequel vous donnera le centuple dés cette vie, & la vie eternelle en l'autre.

CONCLVSION.

Les Ecclesiastiques desquels vous auez entendu le recit, consacrent leur vie au seruice des Pauures ; nous vous demandons quelque argent, il s'agist de sauuer la vie à ses Freres, rachetez par le Sang de Iesvs-Christ, vn chacun y est obligé, autrement l'on fait mourir ceux que l'on ne nourrit pas, quand on le peut faire raisonnablement, comme a dit vn Pere de l'Eglise.

Il faut six mil liures par mois pour la nourriture de deux mil six cens Malades, l'on ne perd pas caurage, l'on espere que Dieu vous fera faire vn genereux effort.

Nos Malades ont besoin de quelque douceur, vn peu de confitures leur donneront grand soulagement.

Ils n'ont point de linge, ny chemises, l'on vous demande de la toille.

Ils sont transis de froid, couchez sur la terre, ou la paille pourrie ; Quelque meschante couuerture les garantira ; L'on peut changer les vieilles de sa maison & y en mettre de neuues, les Malades d'vne part, & les domestiques d'autre, y auront aduantage.

Cevx qui commencent à se bien porter, retombent aussi tost, faute de chausses pour couurir leurs pieds ; vne meschante paire de douze sols, auec des sabots les conseruera.

Les pauures Eglises sont desertes & abandonnées, l'on vous demande quelques Ornemens pour celebrer la Saincte Messe ; tels qu'ils soient on les recevra.

Ceux qui auront deuotion de donner, s'adresseront à Messieurs les Curez des Parroisses, Ou à Mesdames les Presidentes
De Lamoignon, & De Herse.

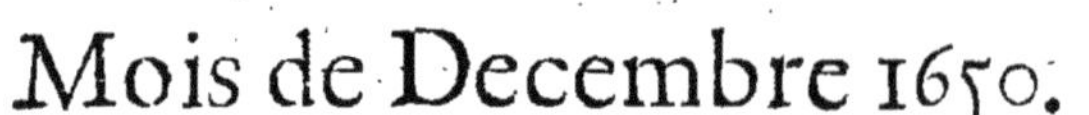

Mois de Decembre 1650.

Suitte de l'estat des Pauures des Frontieres de Picardie, & des enuirons de Soissons où les armées ennemies ont campé, Et du soulagement qu'ils ont receu.

Extraict de plusieurs lettres escrites par des Ecclesiastiques & autres personnes parties exprés de Paris pour les secourir.

LA benediction que Dieu a donné aux trois precedentes Relations, Nous engage à celle-cy, pour obliger ceux qui la liront à luy rendre graces des effects de sa diuine Prouidence, & à luy demander qu'il la continuë, en leur inspirant vn zele tout nouueau pour le soulagement des Pauures malades, dont le nombre & la despense augmente chaque jour : Ils sont maintenant plus de trois mille, qui exposent leurs besoins par les lettres que l'on a receuës au commencement de ce mois, par l'extraict desquelles ; Ils verront le bon employ qui a esté fait des aumosnes de ceux qui ont contribué à leur donner la vie, & quelle est l'obligation de les continuer. Par la derniere supputation qui a esté faite, il faut quinze cens liures par semaine. Ils verront pareillement quel est le besoin des pauures Eglises, lesquelles n'ayans plus de Pasteurs, & estans dépoüillées d'Ornemens necessaires pour celebrer la Saincte Messe, il arriue que ceux qui n'ont point de pain pour la nourriture de leur corps, manquent du pain de vie pour celle de leurs ames.

De Guyse, Laon, la Fere, Marle, Veruins, Riblemont & autres lieux les 19. 21. 22. & 24. Nouembre, 4. & 6. Decembre 1650.

NOus auons fait vne reueuë generale des malades de nostre department, le nombre est presque toûjours égal, parce que l'vn se restablissant, il en retombe vn autre, il est de plus de neuf cens, ſans comprendre ceux que l'on ne peut connoiſtre dans les villages éloignez, dont il eſt mort depuis quatre mois en ça plus de quatre mille faute d'aſſiſtance, Et ſi le ſecours que l'on donne à ceux qui reſtent n'auoit eſté enuoyé de Dieu, il en mourroit autant qu'il en tombe malades. C'eſt pitié de les voir, les vns couuerts de galle, les autres tachetez de pourpre, les vns chargez de clous, les autres d'apoſtemes, l'vn a la teſte enflée, l'autre le ventre, Celuy-cy les pieds, vn autre eſt enflé depuis les pieds juſques à la teſte; Et quand cela ſe creue il en ſort vne ſi grande abondance de pus, & la puanteur eſt telle que c'eſt le plus horrible & pitoyable objet qui ſe puiſſe regarder. La cauſe de ces maux vient de leur mauuaiſe nourriture, n'ayant mangé toute l'année que des racines d'herbes, & de méchans fruits, du pain de ſon tel que les chiens à peine le pourroient manger: Elle procede auſſi des lieux ſouſterrains où ils demeurent, toutes les caues de Guyſe eſtans remplies de ces Pauures refugiez, ils y ſont couchez la pluſpart ſur la terre, ſans paille, ny couuerture, & la ſaiſon eſtant humide cõme elle eſt, Ie ne ſçay lequel leur vaut mieux, ou de coucher dans les champs, ou de paſſer la nuict dedans ces lieux, où l'eau y diſtile ſans ceſſe.

Quand nous allons d'vn lieu en vn autre, nous n'entendons que des lamentations. Les vns ſe plaignent d'eſtre abandonnez en leurs maladies, les autres pleurent la mort de leurs parens morts de faim & de neceſſité: Quelque pauure femme ſe jette à nos pieds en s'écriant que ſon mary & ſes enfans ſont morts faute d'vn morceau de pain pour leur donner; Vne autre s'écrie que ſi nous eſtions venus pluſtoſt, qu'elle n'auroit pas veu mourir ſon pere & ſa mere de neceſſité. Ces Pauures gens crient apres nous comme des perſonnes affamées. L'vn demande du pain, l'autre vn peu de vin, l'autre vn peu de viande. La neceſſité preſſe tellement les Malades, qu'ils viennent par les pluyes & mauuais chemins de deux ou trois lieuës loin pour auoir de nos potages à Guyſe. Cela nous va obliger à aller plus ſouuent par les villages leur porter quelque ſubſiſtance, & beaucoup plus pour le ſecours de leurs ames: Car tous les villages des frontieres eſtans ſans Curez, ils meurent ſans Confeſſion & ſans Sacremens, & n'ont pas meſme la ſepulture. Ce que nous vous mandons eſt ſi veritable, qu'eſtans il y a trois jours en vn village nommé

Lesquielle à vne lieuë de Guyse du costé de Landrecy pour y visiter les Malades, là il y auoit dans vne maison la carcasse d'vne personne morte faute d'assistance : Ce pauure corps estoit tout depecé & rongé par les bestes qui estoient entrées dans le logis. N'est-ce pas là vne desolation estrange de voir les Chrestiens abandonnez durant leur vie & apres leur mort? Il est à craindre que nous n'en voyons bien d'autres cét Hyuer, car les pluyes & le froid ne les feront pas moins perir que la faim, n'ayant ny bois pour se chauffer, ny couuerture pour se couurir, ny habillemens pour se reuestir.

De Bazoches, Fismes, Bremes & autres lieux où l'armée de l'Archiduc a campé. Le 3. Decembre 1650.

NOus ne sçaurions exprimer quels sont les ressentimens de nos Pauures pour leurs bien-faicteurs; Ils esleuēt les mains au Ciel pour leur prosperité, ils demandent la vie eternelle pour ceux qui leur ont sauué la temporelle: Car nous pouuons asseurer ceux qui leur ont fait l'aumosne, que depuis nostre arriuée en ces quartiers, ils ont empesché de perir de faim plus de sept à huict cens personnes.

Pour vous rendre compte de nostre procedé depuis que les autres Ecclesiastiques sont venus pour nous ayder, Voicy l'ordre que nous tenons parmy vne si grande confusion : Car si nous voulions receuoir tous ceux qui se presentent à nous il faudroit des sommes immenses. Nous auons plus de deux mille pauures malades ou languissans, desquels il y en a plus de six cens, ausquels l'on ne peut mãquer vn seul jour à moins que de les laisser mourir.

Nous nous sommes partagez pour assister toute la vallée qui contient plus de trente villages dans vne ruine entiere, l'vn des Prestres est à vn bout de la Vallée sçauoir à Magneux, & a soin de certain nombre de villages, l'autre à l'autre extremité au village de Pars, & a aussi pour sa part quelques villages; Pour moy ie demeure dans Bazoches qui est comme le centre. Et nous faisons le possible que personne ne meure sans Sacrements. Les sœurs de la Charité sont logées au Prieuré sainct Thibaut lez Bazoches, là elles font les potages & les remedes pour les malades, ils viennent chacun à leur tour auec les billets que nous leur donnōs, pour prendre leur pitance, où s'ils ne peuuent marcher on leur enuoye. Les Filles de la Charité vont où elles peuuent, elles les seignent, & donnent les remedes conuenables à leur mal, dont nous voyons vn changement visible en leur santé: Ce qui retarde leur guerison est le froid & la pluye, n'ayans, ny bois, ny habits ny couuerture pour se defendre contre l'injure de la saison.

De S. Quentin le 7. Decembre 1650.

NOs Pauures ne subsistent que par l'assistance de Paris, leur pauureté est si grande qu'elle ne se peut exprimer. Ceux mesme de cette ville ne mangent qu'vn peu de son qu'ils font cuire sous la cendre, & faute de bois ils bruslent la paille sur laquelle ils couchent, il ne faut point qu'ils s'attendent au secours de nos Bourgeois; Car je ne crois pas qu'il y aye six personnes qui puissent donner deux sols par semaine, nous craignons autant le mauuais temps que la faim pour nos Pauures, ils sont logez dans des chaumieres à demy descouuertes, & les pluyes continuelles les incommodent si fort qu'ils sont obligez de se leuer la nuict ayans l'eau jusques à my-jambes. Iugez en quelle extremité doiuent estre ceux qui n'ont ny pain, ny bois, ny couuerture, ny chausses: C'est vn miracle comme il n'en meurt pas dauantage. Nous auons outre cela trente-cinq enfans à la mamelle, dont les meres sont mortes, Nostre seule esperance est en Dieu Protecteur des orphelins.

CONCLVSION.

LA voix de trois mil pauures malades ou languissans crie encor' à vos oreilles, comme elle vous remercie de vos liberalitez, elle en demande la continuation, au nom de celuy lequel s'est fait semblable à eux en naissant dans la creche.

Cette voix vous dit que la despence pour leur seule nourriture se monte à *Quinze cens liures* par semaine, & que si vous n'auez de l'argent vous donniez quelque Bijou, Diamant, ou argenterie superfluë de vostre maison.

Cette mesme voix vous demande des chemises, des chausses & quelques vieilles couuertures.

Elle vous demande aussi quelques ornemens pour les Eglises.

Ceux qui auront deuotion de donner s'addresseront à Messieurs les Curez des Parroisses, ou à Mesdames les Presidentes LAMOIGNON *&* DE HERCE.

NOVVELLE RELATION

Du mois de Ianuier 1651.

Contenant l'estat des Pauures de Champagne & Picardie où les Armées ennemies ont campé, & de ce qui s'est fait pour leur soulagement.

Extraict de plusieurs lettres écrites par des Ecclesiastiques & autres personnes dignes de foy, parties exprés de Paris pour les secourir.

LEs quatre Relations qui ont precedé ayans exposé auec fidelité & exactitude les desolations & pauuretez des frontieres de Picardie, la Charité qui n'a point de bornes, nous a obligez de joindre à celle-cy que nous vous presentons en cette Année nouuelle, l'extreme desolation de cette autre Prouince, laquelle ayant soustenu depuis six mois le joug pesant d'vn impitoyable ennemy, & le passage des armées, est en estat de vous dire ce qui est dit du Fils de Dieu, appellé l'homme de douleurs. *O vous tous* (qui entendez ce recit) *voyez & considerez s'il y a douleur pareille à la mienne.* Nous ne dirons rien par exaggeration; Les Originaux de nos lettres justifient ce que nous alleguons. Nostre difficulté est de vous exprimer en peu de mots ce que nous auons appris depuis vn mois, & de publier en mesme temps les effects de la diuine Prouidence, laquelle nous engage à redoubler nostre despense, & à vous dire qu'elle est maintenant *de trois mil liures* par semaine. Nous serions détournez d'vne telle entreprise, si celuy qui a multiplié les cinq pains dans le desert pour nourrir cinq mil hõmes, ne no⁹ faisoit croire qu'il multipliera vos aumosnes pour en assister vn plus grand nõbre dans ces deux Prouinces.

De Rheims, Rethel, & Villages adjacens les 2. 4. 9. & 16. Ianuier 1651.

AYans suiuy le mouuement de Dieu qui nous a fait quitter Paris pour l'assistance de cette cõtrée, Nous y sõmes arriuez au commencement de cette Année. Il n'y a point de langue qui puisse dire, point de plume qui puisse exprimer, point d'oreille qui ose entendre ce que nous auons veu dés le premier jour de nos visites; En voicy vn leger crayõ. Toutes les Eglises prophanées & les plus saints mysteres, les Ornemens pillez, les fonds baptiſmaux rompus, les Preſtres, ou tuez, ou mal traittez, ou mis en fuitte, toutes les maiſons démolies, toute la moiſſon emportée, les terres ſans labour & ſans ſemence, la famine & la mortalité preſque vniuerſelle, les corps ſans ſepulture, & expoſez la pluſpart à ſeruir de curée aux loups; les Pauures qui reſtent de ce débris ſont reduits(apres auoir perdu tout ce qu'ils poſſedoient) à ramaſſer par les champs du bled ou auoine, germez & à demy pourris, le pain qu'ils font eſt comme de la bouë, & ſi mal ſain que la vie qu'ils meinent eſt vne mort viuante; Ils ſont preſque tous malades, cachez dans des cabanes toutes deſcouuertes, ou dans des trous que l'on ne ſçauroit preſque aborder; Couchez la pluſpart à platte terre, ou ſur de la paille pourrie, ſans linges ny habits que de meſchans lambeaux; Leurs viſages ſont noirs & défigurez, reſſemblant pluſtoſt à des fantoſmes qu'à des hommes, leur patience eſt admirable, quelques-vns beniſſent Dieu comme le bon Iob ſur le fumier. En voila ſuffiſamment pour vous conjurer à les aſſiſter comme nous auons déja commencé.

De Daucourt, Voilemont prés Sainte Menehoud, Courtaimont pres Cernay, Dioceſe de Chalons les 5. & 10. Ianuier 1651. eſcrites par pluſieurs Curez.

NOus ſommes maintenant les Paſteurs ſans troupeau, la faim nous a preſque tout enleué, ceux qui nous reſtent ont pris la fuite, ou acheuent peu à peu leur languiſſante vie, expoſez à l'inhumanité des Soldats de toutes nations, mais beaucoup plus à la rage impitoyable des Allemans, leſquels ont tout emporté, & n'eſpargnans ny les Temples materiels, ny les viuans, ont pillé les premiers, en ſorte que nous ne pouuons celebrer la Sainte Meſſe, & pourſuiuans les autres pour aſſouuir leur brutalité, nous ont donné des Martyrs; Deux femmes ayans eſté bruſlées toutes viues en vne maiſon, où ils auoient mis le feu, & vne autre s'eſtant noyée en ſe ſauuant au trauers d'vne riuiere. Voila l'eſtat déplorable de ces quartiers; nonobſtant toutes ces cruautez les Pauures ſont tellement preſſez de la faim qui les deuore, qu'ils ſont contrains d'aller auec leurs enfans demander du pain aux portes de ces barbares.

De Guyſe, Laon, Montcornet, la Fere, Marle, Veruins, Riblemont & autres villages du Doyenné de Guyſe les 2. 5. 8. 11. & 16. Ianuier 1651.

NOus ne ſçaurions vous exprimer quelle a eſté la joye de nos Pauures, voyans arriuer ſur ces frontieres les mulets chargez de la liberalité de Paris. Nous auons distribué les Ornemens pour les Eglises, & les couuertures & habits pour nos malades; Mais si d'vne part lesvns ont eu de la joye, en se trouuãt ainsi soulagez, la douleur n'a pas esté moindre pour ceux qui n'y ont peu participer. C'est pourquoy nous esperons de la justice des personnes charitables, qu'elles feront quelque nouuel effort pour les esgaller aux autres. Il ne se peut dire quel esclat cela fait sur nos frontieres, l'on ne parle d'autre chose, & ceux de nos Pauures qui sont gueris par ce secours jettent des cris au ciel pour leurs bien-faicteurs; Il y en a eu si bon nõbre, que dans le seul lieu de Guyse, de cinq cens malades que nous auions, il y en a trois cens de gueris, ausquels nous auons acheptë quelques outils pour gagner leur vie selon l'vsage de leurs vacations. Nonobstant cela nostre despense ne diminuë pas; car nous sommes entrez plus auant dans les villages du Doyenné de Guyse, qui sont au nombre de trente-cinq que nous assistons, ce qui nous donne plus de six cens personnes, dont la misere est telle, qu'ayant déja mangé le peu de grain qu'ils auoient peu ramasser çà & là, ils se jettent sur les chiens & les cheuaux, apres que les loups y ont fait leur carnage. Nous leur enuoyons porter du pain, & quelque petit rafraischissement, & ceux qui conduisent nostre petit cheual, ont soin de les seigner, & nous de les confesser.

Nous auons fait la mesme chose aux villages des enuirons de Laon, où trois des Pauures de la cãpagne furent il y a quelque temps trouuez morts sur le paué. Nous auons reglé la despense pour Montcornet, l'on y assiste quatre-vingts malades des plus abandonnez, C'est Monsieur le Curé de ce lieu qui en prend soin.

De sainct Quentin & villages des gouuernemens dudit lieu & du Castelet les 2. 10. 11. 16. 17. Ianuier 1651.

NOus eussions bien souhaitté moderer nostre despense qui est de trois cens liures par semaine pour sainct Quentin, afin de nous estendre plus auant dans les villages, mais le nombre des refugiez & malades est tel que cette somme n'y peut plus fournir, & ce qui leur sera osté sera le sujet de leur mort. Voila pour saint Quentin.

Quant aux villages où nous sommes entrez, il n'y a rien qui puisse exprimer ce que nous voyons. Plus de cinquante villages sont abandonnez de Pasteurs, les Pauures ne sçauent ce que c'est que pain, s'ils en ont, il n'est composé que de paille d'auoine meslée auec du son, apres auoir mangé les cheuaux & les chiens, ils grattent la terre pour y chercher quelques racines pour assouuir leur faim. Quatre bons Curez ausquels l'on donne l'assistance qui a esté enuoyée de Paris se sont vnis auec nous; l'on va & vient dans ces cinquante villages, l'on fait ce que l'on peut & pour leur ame & pour leur corps. Mais que peut-on faire dans vn si grand nombre? Estans il y a quelques jours au village de Vaudancour, l'on nous asseura qu'il y estoit mort deux cens habitans depuis huict mois sans confession, dont trois auoient esté mangez des loups & des chiens.

De Bazoches, Breme, Fismes & autres lieux où l'armée de l'Archiduc a campé, les 2. 7. 16. Ianuier 1651.

LEs trente-cinq villages de cette vallée & des enuirons, rendent vn million d'actions de graces à leurs bien-faicteurs. Nous auons distribué les Ornemens pour les Eglises & les hardes pour les Pauures; Plusieurs de nos malades sont restablis, & ont quitté le païs pour chercher où gagner leur vie. Mais pour cela nous ne pouuons diminuer nostre despense, quoy qu'elle soit de cinq cens liures par semaine, l'vn estant guery deux tombent malades, sans ce secours tout seroit pery. Nous trouuasmes l'autre jour vn enfant de huict ans, lequel n'auoit vescu depuis quinze jours que de troncs de choux. Voila l'abregé de nos miseres. Nous esperons que la ville de Paris en sera deliurée pour recompense de sa liberalité.

CONCLVSION.

LA seule expositiõ de ces miseres doit suffire pour nous obliger à donner largement & gayemẽt à tant de Pauures, autremẽt nous deuons craindre cette sentence prononcée à ce riche en S. Luc 16. *Tu as esté dans l'abondance durant ta vie, & les Pauures dans la misere; C'est pourquoy ils sont maintenant dans la joye, & toy au contraire dans les tourmens.*

La despense est de *trois mille liures*, sans comprendre les Ornemens d'Eglise, chemises, couuertures, & autres choses que nous vous demandons pour les membres de IESVS-CHRIST.

Ceux qui auront deuotion de donner, s'adresseront à M[rs] les Curez des Parroisses, ou à Mesdames les Presidentes DE LAMOIGNON *&* DE HERSE.

Mois de Fevrier 1651.

Suite de la Relation, Contenant l'estat des Pauures de Picardie & Champagne, où les armées des ennemis ont campé, & de ce qui s'est fait pour leur soulagement.

Extraict de plusieurs lettres escrites par des Ecclesiastiques & autres personnes dignes de foy, parties expres de Paris pour les secourir.

LA grandeur de nostre entreprise fait bien connoistre que le cœur du Chrestien est en la main de Dieu, & qu'il luy donne la volonté de pratiquer les œuures de Iustice, & de les accomplir quand il luy plaist. La Relation du mois passé (sans parler des quatre precedentes) suffiroit pour conuaincre de cette verité si l'on en pouuoit douter. Deux Prouinces ont esté secourues par les aumosnes de Paris, en vn temps où la plainte est vniuerselle de la difficuté de toucher de l'argent, & en vn mois où la crainte des desordres le pouuoit conseruer selon la prudence politique. Cependant la despense n'a pas esté moindre en ce mois *que de douze mil liures*. La Charité ne s'est point refroidie; les mains ont esté ouuertes pour rompre le pain à celuy qui mouroit de faim, d'où nous auons toute confiance, que celuy qui a commencé l'ouurage le continuera, & inspirera les veritables enfans de son Eglise sainte à redoubler leurs aumosnes auec leurs prieres qui seront les deux aisles qui esleueront leurs jeusnes au trosne de sa diuine Majesté.

De Saint Quentin & villages dependans de son gouuernement, & de celuy du Catelet les 8. 16. 19. & 21. Feurier 1651.

NOus ne pouuons vous exprimer combien de malades sont gueris, Combien d'affligez sont consolez, Quel nombre de pauures honteux sont tirez du desespoir par vos assistances, sans lesquelles tout seroit pery, & aux champs & à la ville; En l'vn & en l'autre lieu la calamité est telle que les plus anciens du païs n'ont rien veu de semblable; Les artisans de sainct Quentin n'ont point de trauail, la pluspart quittent leurs femmes & leurs enfans, & si on ne leur donnoit quelque petit secours, leur mal seroit sans remede, les pauures païsans qui s'y refugient apres auoir mangé leur pain semblable à la bouë & s'estre nourris des bestes mortes, viennent mourir entre nos bras apres auoir mené vne vie mourante, quelques vns rechapent par la nourriture & remedes qu'on leur donne, & leur premiere sortie, est d'aller à l'Eglise rendre graces à Dieu & le prie pour leurs bien-faicteurs.

Nous assistons maintenant *dix-huict cens personnes* respanduës *dans six-vingts* villages dependans de ces deux gouuernemens, Nous sauuons la vie à la plus part & à bon marché: Car nostre despense n'est que de trois cens liures par semaine pour tous ces villages; Iugez quelle quantité de pain chacun peut auoir. La pluspart de ces Eglises sont sans Ornemens, Nous attendons ceux que l'on fait esperer de Paris. Cette aumosne n'est pas moins considerable, puis que par elle ils reçoiuent la vie spirituelle par la participation des saints mysteres.

De Bazoches, Brenne, Fismes, & autres lieux des enuirons où l'armée de l'Archiduc a campé, les 8. 12. & 16. Feurier 1651.

AYant esté commis en l'absence de nos Confreres pendant leur voyage de Champagne, I'ay fait vne nouuelle reueuë des quarante villages de leur departement. Quoy que le nombre des malades soit fort diminué, la peine qu'ils ont de se restablir à cause de leur mauuaise nourriture, de leur nudité & des troux qu'ils habitent, leurs maisons ayans esté abbatuës, comme il n'est que trop ordinaire au sejour des armées, Nous ne pouuons diminuer nostre despense. Le nombre des orphelins dont les peres & meres sont decedez pendant la calamité de ce pays, est si grand que si l'on retire le secours il faut qu'ils perissent: Mais nous esperons que celuy qui donne la vie & la nourriture aux oyseaux des champs ne la deniera pas à ceux dont il est le pere.

De Guyse, Laon, Montcornet, la Fere, Marle, Veruins, Riblemont & autres villages du Doyenné de Guyse, les 12. 15. 18. Feurier 1651.

CE n'est pas assez d'establir les choses, l'execution en est le principal poinct, C'est ce qui nous a obligez au retour du voyage de Champagne de faire vne reueuë generale, des departemens de nos ouuriers, dont nous vous dirons en peu de mots que le soin a esté tel aupres de nos malades, que nous en auons trouué vn si grand nombre en parfaite santé, que dans quarante villages des enuirons de Laon, (sans parler des autres endroits) à peine trouuera-on six pauures qui ne soient en estat de gagner leur vie. Cela n'a pas neantmoins diminué nostre despense: Car si d'vn costé nous nous sommes estendus plus loin dans les villages du Doyenné de Guyse pour en assister d'autres qui sont abandonnez de tout secours, & que nous sommes certains auoir esté reduits à telle necessité que n'ayans ny pain ny herbes ils ont couru de tous costez apres les bestes mortes pour en manger, à peine jettoit on vn cheual mort à la voirie, que peu apres on le trouuoit sans chair, & dans le village de Hery pres Guyse vne personne deterra vn chien apres trois iours pour en assouuir sa faim. Si, dis-je, nous sommes creus indispensablement obligez à porter les aumosnes en ces lieux, Nous auons creu ne l'estre pas moins pour achepter des haches, serpes, roüets à filer du lin pour les hommes & femmes restablis en santé, afin que gagnans leur vie par leur trauail ils ne fussent plus à charge à personne.

Mais outre ces despences nous ne pouuons que nous ne demandions quelque nouueau secours pour la pauure Noblesse, laquelle n'ayant pas moins souffert que les autres, & se voyant sans pain, sans argent, sans couuertures & reduitte sur la paille, souffre encore la honte de n'oser mendier de porte en porte, & d'ailleurs à qui pourroit-elle demander, puis que le sort de la guerre a mis égalité par tout?

De Rheims, Rhetel, Neuf-Chastel, Lude, Boult sur la riuiere de Suippe, S. Estienne, Donchery, & autres lieux de Champagne, les 11. 12. 13. 16. & 25. Feurier 1651.

NOVS vous auons fait voir l'estat general de cette prouince, par nos premieres lettres du mois precedent, la desolation & & profanation des Eglises, & de ce qu'il y a de plus sainct en nos mysteres, la famine, & la mortalité respanduës par tout ne sont que trop veritables. Voicy le particulier de ce que nous auons fait dans les departemens qui nous ont esté assignez, où nous auons soulagé les Pauures, & au spirituel & au temporel, selon la grace qui nous en a esté donnée, & selon les deniers que nous auons receus de vos liberalitez.

A RHEIMS l'on y a estably les potages, non pour ceux de la ville, (ce que l'on laisse à la charité des BOURGEOIS) mais pour vn nombre de pauures païsans affamez, qui apres auoir mangé les grains germez dans la terre, n'ont autre secours que cette assistance, autant miraculeuse qu'elle leur a esté inopinée, aussi pour reconnoissance de ce bien-faict l'on celebre vne Messe chaque iour au tombeau S. Remy pour tous ceux qui y contribuent.

A RHETEL, Il ne se peut exprimer quelle en est la misere apres auoir supporté deux sieges l'on y a receu auec grande joye, les filles de la Charité, lesquelles n'auront pas peu d'employ pour seigner & assister les malades de la ville & des enuirons, dont la maladie est causée par la famine, laquelle met les viures à vn tel prix, que le pain d'vn sol à Paris y en vaut cinq, & ainsi à proportion des autres viures.

A NEVF-CHASTEL, l'affliction n'y est pas moindre, l'armée de l'Archiduc y ayant campé plusieurs iours, il y a plus de quatre mois que le reste de ce pauure peuple est sans Pasteur, la plus part y est mort sans assistance, & plusieurs corps ont esté exposez au milieu des ruës sans sepulture, il en est de mesme des villages voisins où la famine & la mortalité sont égales, & les Eglises rauagées.

A BOVLT sur Suippe, l'on y a estably vn petit Hospital pour les malades de ce lieu, dont le nombre est de plus de cinquante, sans compter les autres des enuirons que l'on assiste, ils ont souffert la rage des Allemands qui ont desmoly toutes ces maisons, ils ont eu l'innondation des eaux iusques sur l'Autel de l'Eglise: Enfin ce ne sont que pleurs & que gemissements.

A S. ESTIENNE, S. Souplix, Sompuy, c'est assez dire que c'est le champ de la bataille, outre la famine, la mortalité, & les autres afflictions communes, ils ont eu le spectacle de quinze cens corps morts, qui seruoient de pasture aux chiens & aux loups, Nous auons creu qu'il estoit de la pieté Chrestienne de soulager les viuans de ce pitoyable object, qui infectoit l'air, & de donner sepulture aux morts, Cette despense nous a cousté trois cens liures, plusieurs y ont gagné leur vie.

A LVDE, Ce païs de montagne à deux lieuës de Rheims n'a pas eu plus de priuilege, la famine y est telle, que les pauures voyans du pain se jettent dessus comme des vautours sur la proye, on les assiste selon la portion des aumosnes qui nous est assignée.

DONCHERY espere vn pareil secours, puis qu'il est frapé d'vne pareille calamité.

CONCLVSION.

IL ne suffit pas de sçauoir que nous sommes dans les iours du saint Ieusne, mais il le faut prattiquer ainsi que Dieu l'ordonne par la bouche de son Prophete Isaye 58.

Romps les liens de l'impieté, descharge toy de ces fardeaux qui te font courber le dos, laisse en liberté ceux que tu retiens prisonniers, donne du pain à celuy qui est affamé, conduits dans ta maison les mendians, & ceux qui n'ont point de demeure: Quand tu verras vn homme nud couure sa nudité, & ne mesprise pas ta chair en sa personne, &c.

Ces exercices de pieté se peuuent pratiquer facilement en soulageant ces deux prouinces.

La despence est de *trois mil liures* par semaine, sans comprendre les Ornemens d'Eglise, chemises, couuertures & autres hardes.

Ceux qui auront deuotion de donner s'adresseront à Messieurs les Curez des Parroisses, Ou, à Mes Dames les Presidentes DE LA MOIGNON, *&* DE HERCE.

RELATION EXTRAORDINAIRE,

Contenant l'Estat general des Pauures de Picardie & Champagne, la necessité de continuer leur assistance : Et la proposition d'achepter promptement des pois, febues & orges, pour ensemencer quelques terres.

CE sera pour apres Pasques que nous vous donnerons la suitte de nos Relations, elle est trop importante pour manquer à ce deuoir, afin de faire connoistre à ceux qui ont fait part de leurs biens aux pauures quel en a esté l'employ, & à quel nombre ils ont sauué la vie. Nous auions resolu de garder le silence pendant que le Mystere de la Croix annonce la necessité de donner l'aumosne, Mais le besoin pressant de pouruoir à la subsistance de six à sept mil languissans, Orphelins ou Malades, & la proposition d'ensemencer quelques terres pour les secourir l'année prochaine, nous ont obligez à vous exposer que nous ne pouuons continuer le premier sans vn nouuel effort, qu'il faut que ce pauure peuple perisse, si les riches ne donnent liberalement, Et que si lon peut jetter quelques semences en terre pendant cette saison, nous esperons que la benediction que Dieu y donnera pour les multiplier & les amener à maturité sera vn puissant secours pour soulager ces deux Prouinces.

Quant à l'estat de nos pauures il est tel, Nos ouuriers de sainct Quentin portent les aumosnes à plus de deux mille personnes respanduës dans cent trente villages, de l'extremité desquels vous auez entendu parler dans les precedentes Relations, la pluspart n'ayant vescu que de la chair des cheuaux, & des chiens sans aucun pain, leur depense par semaine se monte à *Huict cens liures.* Ceux de Guyse & des autres lieux des enuirons n'ont pas vn moindre employ, leur depense estant de *Neuf cens liures.* Ceux de Bazoches & des enuirons où l'armée de l'Archiduc campa tout le mois de Septembre dernier depensent *Six cens liures.* Ils ont plus de Cinq cens Orphelins de pere & mere depuis la mamelle jusques à l'âge de sept ans. Ces depenses ne se peuuent oster sans leur donner la mort, Il y en a eu pendant ce mois d'extraordinaires, l'achapt de serpes, haches, roüets à filer & autres outils pour faire trauailler ceux qui ont esté gueris, montant à Cinq cens liures, Nous ne parlons point d'vn secours extraordinaire enuoyé à la pauure Noblesse pendant ce mois montant à Mil liures.

La Champagne n'a pour sa part que *mil liures* par semaine, ce qui n'est qu'vne goutte d'eau dans vn vaste Ocean de miseres, il y a plusieurs Hospices establis, pour receuoir les malades, *à Boult* sur la riuiere de Suippe, *à Rhetel, à Sompy, à Doncherry.* Si le secours manque comme nous auons sujet de l'apprehender, ce sainct temps de Caresme ayant produict peu de chose, & les lettres de change acquittées pendant ce mois se montant à plus de Seize mil liures, il faudra que tout perisse. Nous esperons que les saints jours repareront le passé, & que Dieu vous fera faire vn genereux effort. Par ce moyen nous enuoyerons vn nouueau secours à Sedan où nous apprenons que les pauures Catholiques sont en la puissance des Heretiques, & qu'il y a encor plus à craindre pour la perte de la vie eternelle que pour la temporelle.

Sur la proposition d'Ensemencer quelques terres Dieu a inspiré quatre particuliers a donner douze mil liures, l'on a commencé a donner les ordres necessaires pour trauailler à cét ouurage, quoy que cette somme soit considerable elle n'est rien à l'esgard de quarante lieuës de païs où les terres sont à l'abandon: Nous esperons que ceux qui sçauront cette action seront portez à l'imiter, & qu'ils aimeront mieux que leur argent soit enfoüy dans la terre pour multiplier au centuple dés cette vie, & posseder l'eternelle, que de le garder dans leur coffre, où il souffrira le roüil & la tigne; Et sera peut-estre enleué par les larrons comme il est dit dans l'Escriture.

Ceux qui seront touchez de contribuer à cét œuure ne negligeront pas la subsistance: Car il seroit inutile de donner vne esperance de recolte à ceux qui periroient de faim dans cette attente.

Ceux qui auront deuotion de donner pour l'vn & pour l'autre *s'adresseront à Messieurs les Curez des Parroisses ou à Mesdames les Presidentes* DE HERCE *&* DE LAMOIGNON.

Faict à Paris le dernier Mars 1651.

Mois de Mars & Avril 1651.

Suitte de la Relation, Contenant l'estat des Pauures de Champagne & Picardie, où les Armées ont campé, & de ce qui s'est fait pour leur soulagement.

Extraict de plusieurs lettres escrites par des Ecclesiastiques & autres personnes, parties expres de Paris pour les secourir.

NOSTRE Relation extraordinaire sur le sujet des semences, ayant fait differer celle que nous esperions vous donner, pour apprendre la suitte de ce qui s'est passé pour le soulagement de ces deux desolées Prouinces, Nous reünissons en vne mesme Relation l'histoire de deux mois, l'abondance de la matiere nous rend impuissans de vous exprimer en peu de mots ce qui s'est passé pendant ce temps, Il n'y a que l'Esprit Sainct qui nous puisse animer & former en nous des paroles assez fortes, pour vous dire quel a esté le souffle de ce diuin Esprit d'auoir suscité des personnes veritablement Chrestiennes pour donner le pain de chaque iour *à neuf ou dix mille* malades, vefues, orphelins & languissans, dont la despense a monté iusques à *trente-deux mil liures pour les deux mois*, sans comprendre l'effort qui a esté fait *de vingt mil liures* pour l'achapt des semences, d'où nous deuons attendre toute benediction pour l'année prochaine. Mais si ce nous est vn iuste sujet de joye, la crainte que cét oüurage ne demeure en chemin nous met dans vne grande tristesse, & nous oblige de vous faire sçauoir qu'il n'y a presque plus de fond pour la subsistance, & que nous sommes à la veille de voir mourir de faim, tous ceux ausquels vos charitez ont prolongé la vie, Nous esperons que la grace de la resurrection, fera que vous leur continuerez encor par vos aumosnes, & que recherchans les choses du Ciel, & non plus celles de la terre, vostre gloire sera de soulager ceux desquels IESVS-CHRIST a dit en partant de ce monde pour aller à son Pere, *Vous ne m'aurez pas toûjours, mais vous aurez toûjours les Pauures auec vous.*

De Rheims, Retel, Neuf-Chastel, Espois, Boult sur la riuiere de Suippe, Sompy, S. Estienne, Vandy, Donchery & autres lieux de Champagne, les 6. 18. 21. Mars, 12. 14. 16. & 18. Avril 1651.

COMME nous n'auons point de paroles pour vous exprimer nos reconnoissances, nous en auons encore moins pour vous depeindre la grandeur de nos maux, Nous voyons bien que la main de Dieu a frappé cette Prouince, son abondance est changée en sterilité, ses villages autrefois peuplez ne sont plus que deserts affreux, sa joye est changée en larmes, & l'on peut dire que sans les charitables personnes que Dieu a suscitez dans Paris, il n'y auroit pas le moindre reste du debris de ce triste naufrage. Voila le succez de vos assistances, & le leger crayon de nos miseres.

A RHEIMS nos habitans à vostre exemple se sont taxez volontairement pour nourrir les Pauures de la ville, dont la calamité est extreme, quelques Religieux sont dans nos campagnes pour assister au spirituel les lieux abandonnez de Pasteurs, & où les Prestres qui distribuent vos aumosnes ne peuuent aller, ils sont entretenus par vos liberalitez, il leur faut enuoyer le pain des villes, car à present nos Pauures ne le connoissent plus, ils ont mesme mangé ce qui restoit de cheuaux morts, les herbes & racines que le Printemps produit sont leur seule nourriture.

A RETEL apres que la faim a enleué la pluspart de nos habitans & des villages voisins, ce qui reste souffre la cruauté des Allemands, dont l'on ne peut parler qu'auec des larmes de sang, & est accablé de faim & de miseres. Nous les voyons jetter sur les charongnes; Le desespoir porte plusieurs femmes à perdre leur honneur; Nous taschons de les soulager secretement. Il y a quelques iours qu'vn jeune homme estant sorty de sa maison pressé de la faim tomba par terre, nous y courusmes, le portasmes en nostre Chambre, & expira entre nos bras. Quand nous parlons à ces Pauures que le secours de Paris ne peut continuer, ils entrent dans le desespoir; Et il est certain que quand il cessera, c'est à dire s'il ne continuë jusques à la moisson, qu'il y a plus de huict cens personnes en ce seul canton, qui ne peuuent éuiter la mort.

IL est de mesmes à *Boult, Vandy, Sompy, S. Estienne & Donchery*, où nous auons estably des Hospitaux pour receuoir les malades que l'on nous apporte de toutes parts, si le secours leur manque ils trouueront la mort. Ceux des villages voisins que nous allons visiter dans leurs maisons ne peuuent attendre autre chose. En fin il faudroit vn volume pour faire le recit de ce que nous voyons, & il faut auoir vn cœur de pierre pour n'estre pas liberal enuers son frere.

De Sedan le 12. Avril 1651.

NOVS commençons du jour de Pasques à assister les Pauures de ce lieu, soit originaires ou estrangers, la despense est de *Cent liures par semaine*. Mais nous ne pouuons croire que les vrays Catholiques n'y contribuënt de bon cœur, ils soustiendront les Pauures Catholiques qui pourroient estre tentez par la rigueur de la faim & persuadez par les heretiques, lesquels connoistront que nostre charité est vniuerselle, & qu'elle est d'autant plus abondante en ce lieu que leur incredulité y paroist dauantage.

De Basoches, Lagery, Brenne & autres lieux, le 27. Mars, 14. & 16. Avril 1651.

NOVS faisons le possible pour retrancher nos aumosnes des enuirons de Basoches, pour les porter vers Lagery, où les Pauures n'ont pas laissé de faire vne rude penitence pendant le Caresme, quoy qu'ils mangeassent de la chair, car c'estoit la chair des brebis à demy pourries, des cheuaux jettez à la voirie qui leur tenoit lieu de pain & de toute autre nourriture. Il y a quelques jours qu'vn petit enfant de dix-huict mois estant abandonné dans les ruës, expira de faim aux yeux des Habitans, qui n'auoient pas le moyen de luy sauuer la vie par quelque bonne nourriture.

De Guise, Laon, Montcornet, la Fere, Marle, Riblemont, Verueins, & autres villages de la Tierrache, le 20. Mars & 14. Avril 1651.

NOVS continuons nos potages à Marle, Verueins & Riblemont. Nos Pauures augmentent, parce que les principaux de ces lieux ayant vendu leurs meubles, sont dans vne honteuse necessité, quoy qu'ils ne parlent pas, la pasleur de leurs visages nous fait assez connoistre quel est leur besoin, & qu'il les faut assister secretement.

Novs auons toûjours plus de trois cens malades à Guyse, ils ne guerissent point, nous croyons que cela vient de l'infection de l'air, ce qui nous oblige à transferer les refugiez en des Hospitaux que nous allons establir aux champs, Nous mettons ceux de la ville en l'Hostel-Dieu que l'on accommode pour ce sujet, comme l'on a déja restably celuy de Laon & de la Fere.

De Sainct Quentin & villages adjacens le 1. & 17. Avril 1651.

Novs auons toûjours continué à distribuer dans la ville la portion qui nous a esté assignée, le nombre des Pauures honteux ne se peut exprimer & nous pouuons dire qu'vne somme de cinquante liures enuoyée extraordinairement la semaine sainte a tiré plusieurs filles du dernier naufrage. Nostre Caresme s'est passé à la campagne pour assister & faire assister spirituellement & temporellement les Pauures habitans de cent trente villages dont nous auons si souuent parlé. Quarante de Messieurs les Curez ont eu secours à dix liures, par mois, & par ce moyen ils ont veillé sur leur troupeau. Les ennemis sont estonnez des liberalitez de Paris, ils nous ont donné des sauf conduits sans que nous les en ayons requis pour aller en toute seureté dans le Catelet & villages dependans de ce gouuernement.

CONCLVSION.

Voila en peu de mots l'estat de nos affaires, veritablement ce sont nos affaires, car si les riches cachent leur argent pendant ce temps de miseres, ils ne peuuent éuiter la malediction fulminée par l'oracle du S. Esprit, s'ils ne font misericorde en continuant jusques au mois d'Aoust à donner la vie à *ces neuf à dix mil* Pauures, sans parler de leurs domestiques, comme sont ceux de leurs Villages, Parroisses, & Fauxbourgs de Paris qui sont en grande souffrance, ils ne peuuent attendre de misericorde, estant dit en S. Iacques chap. 3. *Celuy qui n'aura point fait misericorde à son prochain, sera jugé de Dieu sans misericorde.*

La despense est de trois mil cinq cens liures par semaine, sans comprendre les Ornemens d'Eglise, chemises, hardes & vieux linge pour les Hospitaux.

Ceux qui auront deuotion de donner, s'adressent à Mrs les Curez des Parroisses, ou à Mesdames les Presidentes De Lamoignon *&* De Herce.

Mois de May & Iuin 1651.

Suitte de la Relation contenant l'estat des Pauures de Picardie & Champagne où les Armées ont passé, & de ce qui s'est fait pour leur soulagement.

Extraict de plusieurs lettres escrites par des Ecclesiastiques & autres personnes parties exprés de Paris pour les secourir.

NOVS croirions manquer à nostre deuoir, si nous passions sous silence ce qui s'est fait pendant ces deux mois ostans la consolation aux personnes pieuses & charitables, de sçauoir quel a esté le fruit de leurs Aumosnes, & quelle est la necessité de les continuer, pour donner la vie à ceux que Dieu par vn iugement tres-iuste, mais impenetrable, a affligez de nouueaux fleaux par la licence effrenée & inouyë des soldats qui les ont reduits à la derniere extremité, comme la suitte de cette Relation le fera voir. Nous ne doutons point que l'affliction de tant de Pauures, la grandeur de la dépense qu'il a fallu supporter, laquelle pendant ces deux mois s'est montée à prés de *quarante mil liures*. Et la lecture du liure de L'AVMOSNE CHRESTIENNE mis au iour depuis peu, lequel contient vne chaine admirable des sentimens de l'Escriture sainte, & des Saints Peres touchant la Charité enuers les Pauures, qui se vend *chez Iean le Mire au Chef saint Iean & la veuue Durand au Roy Dauid ruë saint Iacques*; ne fasse faire de nouueaux efforts à ceux qui ont desia bien commencé, & n'amolisse le cœur de ceux qui l'ont eu endurcy iusques à present, au recit de nos Relations. En sorte que l'on pourra dire & des vns & des autres, ce qu'a dit vn grand personnage de l'antiquité *qu'ils seront de bonnes années dans cette mauuaise année.*

De Rosoy, Plomyon, Irson, Aubenton, & autres lieux de la Tyerache, les 1. 5. 20. Juin 1651.

NOus auons commencé l'assistance de cette desolée Prouince en laquelle les Troupes n'ont espargné ny saint ny profane pendant le sejour qu'elles y ont fait; elles n'y ont rien laissé que ce qu'elles n'ont pû emporter: La pluſpart des Habitans y ſont morts de faim: Ceux qui reſtent n'ont plus d'autre eſperance que ce ſecours qu'il a pleu à Dieu leur enuoyer, Nous en auons troué tres-grand nombre qui n'ont pas meſme mangé du pain de Son d'Orge, comme font les plus aiſez depuis prés de deux mois, leur nourriture eſtoit les Lezards, les Grenoüilles, & les Herbes des Champs, Iugez ſi cette nouuelle dépenſe n'a pas eſté tres-neceſſaire.

De Laon, Guiſe, Marle, &c. les 11. 13. *May*, 5. *&* 7. *Juin* 1651.

L'On ne peut exprimer quelle benediction Dieu donne aux grains que l'on a ſemez en ces quartiers par la liberalité de Paris, le Peuple en porte ſes maux auec plus de patience, dans l'eſperance que la recolte qui en viendra leur donnera grand ſoulagement. Cependant il faut mener nos Pauures iuſques à cette moiſſon de Charité; quoy qu'il en meure vn tres-grand nombre il ne diminuë pas pour cela, car la ceſſation du trafic, fait que ceux que nous croyons riches, enuoyent leurs enfans nous demander l'Aumoſne. Nos Hoſpitaux de Guyſe, Marle, & la Fere ſont en bon eſtat, ils ſont maintenant des lieux de ſanté, au lieu qu'auparauant l'ordre que nous y auions mis, il n'en ſortoit aucun que pour aller au tombeau. Le reſtabliſſement de la Verrerie de ſaint Gobin moyennant les *quatre cens liures* d'extraordinaire que nous auons receus, ne donne pas moins de conſolation, car par ce moyen pluſieurs familles de Pauures Nobleſſes ſubſiſtent, qui eſtoient aux approches de la mort ſans cette liberalité.

De ſaint Quentin & villages des enuirons les 25. *May*, 7 *&* 14. *Juin* 1651.

NOVS ne ſommes plus en eſtat de faire aucun retranchement ſur les *huit cens liures* qui nous ſont aſſignées par ſemaine; s'il n'y a vne notable augmentation il faut tout quitter, car que peut faire cette ſomme à ceux que nous auons ſur les bras, & qui periſſent de faim. Douze cens refugiez du pays de Santerre auſquels l'inhumanité de nos Troupes n'a rien laiſſé. Trois cens cinquante malades auſquels nous ne pouuons plus donner de viande. Trois cens familles honteuſes tant de la Ville que des Champs que nous assistons secretement pour éuiter ce qui pensa l'autre iour arriuer à vn ieune homme, lequel pressé d'vne honteuse necessité se voulut tuer auec vn cousteau, & auroit commis ce crime, si l'on n'eust couru pour l'empécher. Cinquante Prestres que nous nourrissons preferablement à tous autres Pauures. Trois mille Pauures qui sont dans les cent trente villages que nous assistons depuis quatre mois, dans lesquels on ne voit autre pain que celuy que nous y faisons porter. Voila l'estat de nos Pauures, il se monte à sept ou huit mille, le seul recit doit suffire pour porter les personnes charitables à vne raisonnable augmentation.

De Bazoche, Saint Thibault, Brenne, &c. 29. May 3. 10. 20. Juin 1651.

TOutes sortes de maux accablent nos Pauures, à peine ont-ils euité la main cruelle du Soldat, qu'ils ressentent celles des Archers du sel, qui prennent iusques à leur chemise, & leurs pots de terre: Est-ce pas vne chose estonnante que l'on contraigne à prendre du sel ceux qui n'ont pas vn morceau de pain? Car à present ils ne mangent que des grenoüilles, & limassons, ce qui les fait deuenir enflez, si foibles & debiles qu'ils ne peuuent ny trauailler, non pas mesmes marcher. Nous auons tenu nostre assemblée des Curez des enuirons, où nous auons distribué à vingt-trois des plus pauures les quatre cens liures que l'on nous a enuoyé pour vn si bon sujet.

De Reims, Sedan, Rethel, Boult sur la riuiere de Suippe, Vaucouleurs, Sompi, S. Soupplis, Landy, Donchery &c. 8. 10. 30. May, 13. 24. Iuin 1651.

A RHEIMS nous assistasmes le Lundy de la Pentecoste à la Procession generale qui se fit icy à l'issuë des Vespres de l'Eglise Nostre-Dame à celle de S. Remy pour rendre graces à Dieu des assistances qui sont venuës de Paris en ce païs, & le prier pour les bien faicteurs de ce peuple qui periroit sans ce secours, tous les Corps de la ville y assisterent suiuis d'vne si grande foule que jamais elle n'a esté telle.

A SEDAN la reconnoissance n'est pas moindre de la part des Catholiques, & les deux cens liures que nous donnons maintenant par semaine en retirent tres-grand nombre de la seduction des heretiques.

A RETHEL & és enuirons est le fort de la calamité, elle y est telle qu'on n'y voit & entẽd parler que de meurtres, pillages, sacrileges, incendies, violemens, maladies, famine. Le commun des habitans n'y mange que la chair des bestes mortes, & les espics du peu de grain qui a esté semé. Ce degast joint à celuy qu'y font les cheuaux des Caualiers nous promet vne sterilité telle qu'il n'y a que le seul coup de miracle qui puisse sauuer tout ce pays. Estant il y a quelques jours au Village de Nouion, apres auoir eschapé les mains des Allemans qui nous coururent, nous trouuasmes qu'ils auoient bruslé depuis peu 35. maisons en ce lieu, nous n'y voyons que malades languissans & mourans, dépourueus de toute assistance.

A BOVLT nostre Hospital se remplit de malades, la faim presse tellement nos pauures qu'ils broustent l'herbe comme les bestes, mangent les chiens & cheuaux morts, & il est à craindre qu'ils ne deterrent les corps morts. Estant hier allé à Chasteau Porcien, deux cens pauures mourans & affamez, se jetterent à mes pieds crians misericorde, & qu'ils mourroient de faim, je vous laisse à penser de ma douleur dans l'impuissance de les secourir.

A VAVCOVLEVRS outre la misere publique, celle de nos pauures Religieuses est telle qu'elles ont quitté leur Monastere pour mandier leur pain & aux champs & aux petites Villes.

CONCLVSION.

NOVS ne parlons point des autres lieux, parce que la brieueté de cette Relation ne le peut permettre, tout ce que l'on peut dire, est que les pauures y souffrent les mesmes peines ; & que les personnes preposées pour les seruir ne font pas moins leur deuoir que les autres, il n'y a que le manque de fond qui puisse faire cesser leurs trauaux. La despence pour le present, *est de quatre mil liures la semaine.* Nous esperons que la benediction de Dieu continuera & que ceux qui pretendent part au Royaume des Cieux, ne fermeront point leurs oreilles à nos demandes qui ne sont autres que les cris des pauures, car s'ils les rejettent, ils seront frappez de cét anatheme de l'Ecriture au jour de leur mort, *Celuy qui ferme l'aureille aux cris du pauure, se trouuera vn jour en estat qu'il criera luy-mesme vers Dieu, & que Dieu ne daignera pas les écouter.* Prouerb. 21. ℣. 13.

Ceux qui auront deuotion de donner, s'adresseront à Messieurs les Curez des Parroisses, ou à Mesdames les Presidentes LAMOIGNON & de HERCE.

Mois de Iuillet & Aoust 1651.

Suitte de la Relation contenant l'estat des Pauures de Picardie & Champagne, où les armées ont passé, & de ce qui s'est fait pour leur soulagement.

Extraict de plusieurs lettres escrites par des Ecclesiastiques, & autres personnes parties exprez de Paris pour les secourir.

ENCOR que le temps de la moisson doiue estre vn temps de repos pour ceux dont la charité s'exerce au soulagement des Pauures de la Campagne, nous sommes obligez de rendre compte à leurs bien-faicteurs de ce qui s'est passé pendant ces deux mois, lesquels ayants esté suiuis de la sterilité de la recolte & de la ruïne que les troupes ont apporté en ces Contrées, n'ont pas donné sujet aux pauures de se réjouïr comme en vn temps de moisson ; mais de gemir dans la veuë de leur dernier malheur, dans la perte de leurs esperances, & dans l'attente d'vne mort certaine pour l'hyuer prochain, si Dieu ne continuë le miracle qu'il a operé pour eux par les personnes pieuses de Paris, de la bourse desquels il est sorty depuis vn an plus de soixante mil escus : Nous conjurons par la Charité de IESVS-CHRIST qui nous presse pour ses membres affligez de ne se pas lasser de ces tristes Relations ; mais d'écouter auec foy ces paroles du Fils de Dieu, *Ce que vous auez fait au moindre de ces petits : C'est à moy que vous l'auez fait.*

De Sedan le 12. Aoust 1651.

L'ON ne peut exprimer quelle a esté l'vtilité des aumosnes en cette ville, depuis qu'elles s'y exercent, les heretiques ne seduisent plus les pauures Catholiques, au contraire, plusieurs sont reuenus de l'erreur, & ont esté receus entre les bras de l'Eglise leur sainte Mere. C'est ce qui fait que nous auons jugé necessaire de ne faire aucun retranchement sur la dépense ordinaire, quoy que nous l'ayons fait par tout ailleurs, & que nous Conjurons les vrays fideles de continuer cette dépense pendant l'hyuer, elle peut suffire à soixante liures par semaine: Elle sauuera la vie de l'ame, elle empeschera que plusieurs ne perissent de faim, comme il arriua l'autre jour à vne vieille femme que nous trouuasmes toute mourante de faim à la porte de l'Eglise, nous la fismes emporter par l'vne des sœurs de la Charité, & donner toute l'assistance necessaire pour la preseruer de la mort.

De Von prés Mouson les 2. et 19. Aoust 1651.

NONOBSTANT le retranchement que l'on nous a ordonné sur les aumosnes de la Champagne, nous n'auons pû euiter de visiter cette Contrée à laquelle nous n'auions pû jusques à present donner soulagement, les aumosnes de Paris quoy que tres-grandes ne pouuans s'estendre par tout, Ces pauures habitans y ont souffert le campement des troupes ennemies, la plus grande partie sont morts de faim l'hyuer dernier: Ceux qui restent souffrent le mesme mal, & la cruauté des coureurs de Mouzon lesques brullent les villages, & exercent contre nos pauures tous les excez que l'on peut exprimer, leur nourriture a esté les racines des champs, les grenouïlles, les herbes sauuages, maintenant ils ramassent quelques meschans fruicts, mais ce mets delicieux est desia consommé, ils font griller sur le feu quelques espis de segle, ce secours ne durera pas long-temps: car il y a si peu de recolte que nous voyons desia la famine, vous pouuez penser si elle accable ce pauure païs en cette saison, ce qu'elle fera dans quelques mois.

De Laon, Rosoy, Riblemont, Marle &c. les 21. 30. Iuillet, 15. & 19. Aoust 1651.

NOVS ne pouuons vous descrire quel est l'excez de l'affliction de ces quartiers, les belles esperances que nous auions de la recolte des orges ensemencées par la Charité de Paris, sont toutes perduës, les troupes ayans tout dissipé, & laissé les pauures au dernier desespoir, ils font quinze à vingt villages sans trouuer vn morceau de pain, adjoustez à cela le retranchement des aumosnes & jugez s'il y a douleur pareille à celle-cy.

De saint Quentin le 31. Iuillet 1651.

NOvs auons executé le retranchement ordonné, non sans peine voyant l'estat déplorable des pauures, nous auons acheté pour sept cens liures de faucilles, fleaux, & vans, pour leur ayder à gagner leur vie par le trauail de la moisson. Nos orges viennent fort bien graces à Dieu, dont nous esperons grand soulagement pour l'hyuer prochain, mais ce n'est qu'vne goutte d'eau jettée dans cette mer de miseres.

De Rheims, Rhetel, Boult, Sompy, Donchery, saint Souplis les 28. Iuillet, 6. 19. 21. Aoust 1651.

LA Calamité de cette Prouiuce & notamment des enuirons de Rhetel, ne se peut exprimer, le pauure peuple y souffre la faim, la cruauté des gens de guerre dont l'on ne peut parler qu'auec horreur, il n'est pas moins poursuiuy pour les tailles & autres contributions, en vn mot, il faut que tout perisse cet hyuer, il n'y a point de recolte, le peu que l'on auoit ensemencé ayant esté fauché & mangé en vert, cela est cause que l'on ne peut faire aucun retranchement pour les aumosnes de Rhetel, on la fait par tout ailleurs, nonobstant le grand nombre de malades, pour le soulagement desquels pendant cét hyuer, l'on pourra s'accommoder auec les administrateurs des Hospitaux des villes en leur donnant certaine somme par iour pour chaque malade, si les personnes pieuses de Paris veulent contribuer.

De Bazoches le 21. Aoust 1651.

DEpvis le retranchement des aumosnes nous ne pouuons plus establir vn lieu certain pour resider comme nous faisions auparauant, parce que nous serions accablez des pauures qu'il nous faut refuser, nous allons de village en village porter ce qui est necessaire aux malades & plus abandonnez : Nous esperons les soulagement en la moisson de nos orges pourueu que l'on nous donne encor quelque somme d'argent pour en faire prouiſion pour cet hyuer, par ce moyen nous quitterions cette Contrée, & elle ne ſeroit plus à charge à Paris.

CONCLVSION.

NONOBSTANT tous les retranchemens noſtre deſpenſe du mois de Iuillet ſe monte à plus *de quatre mil liures*, Celle du mois d'Aouſt *ſept à huict mil liures.* Celle du mois de Septembre ſera encor *de ſept mil liures*, Nous nous ſommes engagez à cette derniere depenſe ſur la foy que nous auons en la diuine Prouidence, & qu'elle acheuera l'ouurage qu'elle a commencé, en ſuſcitant des perſonnes pour continuer la nourriture de ceux que l'on ne peut abandonner à moins que de leur donner la mort, leſquelles auront deuant les yeux. Cette diuine parole de l'Eſcriture Prouerb. 11. 24. *Celuy qui cache ſon bled pour ne le vendre que lors qu'il ſera plus cher, eſt en execration au peuple; mais ceux qui le vendent pour ſubuenir au beſoin commun, ſont benits de tous.*

Ceux qui auront deuotion de donner s'adreſſeront à Meſſieurs les Curez des Parroiſſes, Ou à Mes-Dames les Preſidentes DE LA MOIGNON, & DE HERCE.

Mois de Septembre, Octobre & Nouembre 1651.

Suite de la Relation contenant l'Estat des Pauures de quelques endroits de Picardie & Champagne, où les Armées ont passé, et ce qui s'est fait pour leur soulagement.

Extraict de plusieurs Lettres écrites par des particuliers partis exprés de Paris pour les secourir.

NOVS *esperions que nos Relations finiroient dans le mesme mois auquel nous les auions commencées l'année derniere. Nous croyions que ces douze mois accomplis nous verrions la fin des miseres de nos deux Prouinces, & que jouïssans du bon-heur de la recolte, les Pauures pourroient respirer, & nos bons Ouuriers prendre le repos que meritent de si grands trauaux qu'ils ont endurez pour les secourir; Mais que les jugemens de Dieu sont impenetrables! les fleaux dont il auoit affligé ce pauure peuple ne sont point diminués, sa main s'est de nouueau appesantie; La guerre exerce plus que jamais sa cruauté; La famine dépeuple la Campagne; & les maladies y regnent plus que par le passé. C'est ce qui nous rend plus hardis à vous proposer l'indispensable obligation que nous auons de faire de nouueaux efforts: Et quoy qu'il soit sorty de Paris* PLVS DE DEVX CENS MIL LIVRES *en argent, pour la nourriture d'vn nombre infiny de malades & languissans, vefues & orphelins ausquels cette aumosne a donné la vie, nous ne craignons pas neantmoins le refroidissement des Charités de ceux qui sçauent* Qu'il se faut faire des amis des fausses richesses, afin qu'apres leur mort ils soient receus dans les tabernacles eternels, *ainsi que le Saint Esprit l'a prononcé en saint Luc 12.*

De S. Quentin les 23 Septembre, 16 & 25 Octobre, & 6 Nouembre 1651.

NOus n'auons point de paroles pour vous exprimer les souffrances de nos pauures depuis le retranchement des aumoſnes pendant ces trois mois, ſi la cruauté des ſoldats leur a fait chercher les bois, la faim d'vn autre part les en a fait ſortir, ils ſe ſont refugiez icy pendant le funeſte ſejour de noſtre armée en ces quartiers, qui n'a eſpargné ny ſaint ny prophane. Nous auons veu plus de quatre à cinq cens malades, nous eſtions dans vne telle impuiſſance de les ſecourir que les habitans ne les pouuant nourrir ils en firent ſortir deux cens que nous auons veu mourir peu à peu eſtendus ſur les grands chemins ayant cette douleur de ne pouuoir leur faire aucun bien. Le grand nombre qui nous reſte pour le peu d'argent que nous auons à peine peut-il auoir vn petit morceau de pain, bien loin de ſecourir leur nudité qui eſt telle qu'ils n'oſent ſe leuer de deſſus leur paille pourrie pour nous venir trouuer. Meſſieurs les Curez ne ſont pas en meilleur eſtat, ſi l'on ne continuë l'aſſiſtance il faut qu'ils quittent leur troupeau, Et qu'ainſi ils ſoient à la proye, & des ſoldats qui leur oſtent tout, & des demons qui prennent occaſion de leur deſeſpoir pour rauir leurs ames.

De Rhetel, Chaſteau-Porcien, et Vouſigny, les 22, 28 Septembre & 30 Octobre 1651.

TOut ce que nous pouuons mander de ce mal-heureux Canton eſt que les troupes y faiſant vn continuel ſejour, la famine augmente, le peu qu'il y auoit de grains ayant eſté mangé en partie par les ſouris qui ſont ſuruenuës comme vne autre playe d'Egypte, & le reſte par les ſoldats & les cheuaux. Le labourage a ceſſé en ſorte que l'année prochaine ne nous ſera pas moins funeſte, nos pauures ſont battus, dépoüillez, accablez de froid & de faim; Nous trouuons dans vne méchante chaumiere ſept à huict malades, Nous ne donnons qu'à ceux qui mourroient ſans ſe ſecours, Nous faiſons cuire nos pains aux lieux principaux; Comme à Rhetel, Chaſteau-Porcien & Vouſigny, ils ne mangent que celuy que nous leur diſtribuons, leur nourriture ordinaire eſt des ſouris auſquelles ils font la chaſſe tant ils ſont preſſez de la faim, ils deuorẽt les racines que ces animaux ne peuuẽt conſõmer, en fin l'on ne peut exprimer ce que l'on voit. Outre cela la plus part des Egliſes ayans eſté ruïnées & les pauures Curez reduits à l'extremité ; les vns & les autres ont besoin d'assistance, celles-là d'ornemens, & ceux cy d'vn peu d'orge pour les faire subsister dans leurs desolées Parroisses. L'on n'y trouue que malades, à peine ceux qui sont en santé peuuent estre suffisants pour leur soulagement, quand ils sont vn peu gueris nous retranchons l'aumosne, Ce qui leur donne vne telle affliction qu'vne pauure femme est morte de douleur par le refus d'vn morceau de pain.

De Rheims, Sompy, saint Souplaix, les 22 Septembre & 27 Octobre 1651.

NOstre arriuée à Rheims n'a pas esté sans grand peril apres auoir esté poursuiuis plusieurs fois par des Caualiers, nous fusmes obligez de nous sauuer dans le clocher d'vne Eglise où la prouidence de Dieu nous mena pour assister plusieurs malades, lesquels alloient mourir sans le secours que nous leur fismes donner. De Rheims nous auons esté visiter nos anciennes stations, le pauure Sompy & saint Souplaix, & villages des enuirons sont plus desolés que jamais, les souris & les soldats les ayans laissé en estat de ramasser le bled foulé par les cheuaux & germé dans les courts, jugez ce qu'ils doiuent attendre sinon vne mort languissante pour cét hyuer.

De Laon, Riblemont & Marle, les 18 Septembre 20 Octobre et 4 Nouembre 1651.

COmme nous auons eu vn grand retranchement d'aumosnes, nous auons donné ordre le mieux que nous auons pû aux lieux qu'il nous faut quitter, comme Guyse, la Fere, Riblemont & autres endroits où l'on doit receuoir certain nombre de malades dans les Hospitaux, quoy que la necessité y soit tres-grande principalement en ce dernier, il faut aller à la plus grande extremité qui est aux enuirons de Marle & Montcornet où le passage des armées a fait vn tel degast que nous auons pris sur le peu qui nous reste *Mille liures* pour euiter la mort à ces pauures affamez. Nous prendrons deux cens liures pour continuer l'assistance des pauures Curez, de laquelle on peut tirer cette consolation que toutes les Parroisses des Doyennez de Guyse, Marle & Veruins sont desseruies, & qu'au moins à chacune d'icelles la Sainte Messe se celebre vne fois la semaine & les Sacremens administrez.

De Basoches, et Fismes les 16 Septembre et 13 Octobre 1651.

LEs enuirons de Soissons & la Vallée de Brenne ont receu vn tel soulagement par la recolte des Orges que les Charitez de Paris y ont fait semer, que nous les auons mis en estat de subsister, nous auons pourueu aux Orphelins, ces pauures gens rendent graces à Dieu, & prient sans cesse pour la reconnoissance de ce bien faict. Nous quittons ce Canton pour aller ailleurs, où le nombre est infiny & les aumosnes fort bornées.

CONCLVSION.

NOus redoublons nos Prieres pour ce grand nombre de Pauures dont la vie ne dépend que de vos liberalitez, si vous honorez le mystere d'vn Dieu fait pauure en prenant chair humaine au ventre d'vne Vierge, Nous esperons que vous le ferez paroistre en ce saint temps de l'Aduent, & que la parole du Disciple de l'amour sera accomplie en vous. Si quelqu'vn à des biens de ce monde & que voyant son frere en necessité il ne soit point touché de compassion pour luy & ne l'assiste point dans ses besoins, Comment est-ce qu'on peut croire qu'il a de l'amour pour Dieu. Mes freres n'aymons pas de parole ny de la langue, mais en œuure & en verité. *1. S. Jean chap. 3. vers. 17.*

Ce sera dans cét Esprit que ceux qui auront deuotion de donner de l'argent, des couuertures, des chemises & des chausses, S'adresseront *à Messieurs les Curez des Parroisses, ou à Mesdames les Presidentes de Lamoignon & de Herce.*

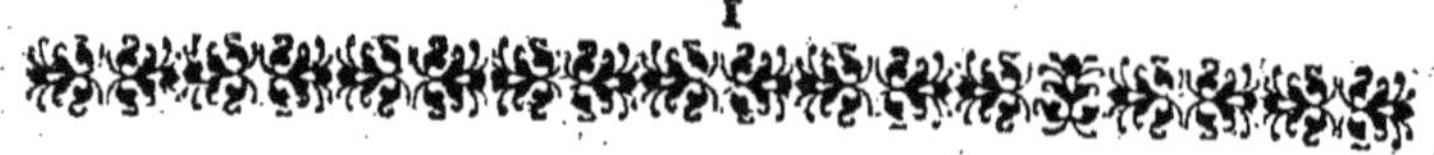

NOVVELLE RELATION du Mois de Ianuier 1652.

Contenant l'estat des Pauures de quelques endroits de Picardie & Champagne où les Armées ont passé, Et de ce qui s'est fait pour leur soulagement.

Extraict de plusieurs lettres escrites par des particuliers partis exprés de Paris pour les secourir.

POVR éuiter la confusion que l'expression des dattes de deux années, & de deux differents mois pourroient donner, l'on a jugé plus à propos d'obmettre celuy de Decembre, dont nos dernieres Relations n'ont point parlé; Nous ne laisserons pas neantmoins de representer dans celle-cy ce qui s'est fait en l'vn & en l'autre mois, & de faire voir par ce moyen, quelle est la fin & le commencement de deux années, dans lesquelles, les riches sont aduertis qu'il est temps, d'ouurir l'oreille à la voix du Pauure *qui retentit de toutes parts, que l'heure est venuë* de payer leurs debtes, ne fraudant pas les Pauures de l'aumosne, *comme dit l'Escriture, Ecclesiast. 4.*

De Chaalons, S. Disier, Sainte Menehoud, Dol le Comte en Parthois. les 4 & 20. Ianuier 1652.

EN execution de la mission que nous auons receuë de Monseigneur nostre Euesque, nous auons esté dans les Villes & dans la Campagne, nous n'y auons veu que des objets funestes & vne calamité vniuerselle; des villages dans vne totale ruïne, leurs habitans refugiez dans les bois la plus-part morts de faim, les autres mourans chaque jour, les veuues & les orphelins abandonnez de tout secours, les Prestres despoüillez, & traittez auec toute inhumanité, & nous pouuons dire que sans les soins paternels & les liberalités de ce digne

Prelat dont la vigilance est infatigable sur ce Pauure peuple, il en seroit mort vn nombre infiny auquel ses aumosnes ont sauué la vie.

De S. Quentin & villages adjacens les 7. & 29. Ianuier 1651.

L'ENTRÉE des Bourguignons le mois dernier dans nos frontieres, le passage de nos troupes dans celuy-cy nous ont mis à la derniere extremité. Ce qui restoit de maisons a esté démoly jusques aux fondemens; les arbres ont esté coupez; les hommes battus & estropiez; les femmes deshonorées, dont quelques vnes pour éuiter ce malheur se sont sauuées dans des eaux, & ont eu les jambes gelées qu'il a fallu couper. La famine est telle que nous les voyons mourir mangeant la terre; broutant l'herbe, arrachant l'escorce des arbres; deschirans les meschans haillons dont ils sont couuerts pour les aualler. Nous ne nous estonnons plus de les voir emporter les bestes mortes pour leur seruir de nourriture, il y a plus d'vn an qu'ils y courent: Mais ce que nous n'oserions dire si nous ne l'auions veu, & qui fait horreur, ils se mangent les bras & les mains & meurent dans ce desespoir. Nous auons empesché ce malheur selon les forces de nos aumosnes; Douze cheuaux partirent de Saint Quentin il y a quelques jours chargez de pain, que nous distribuasmes par les villages. Quand nous n'aurions que ce qui vient à saint Quentin, nos fonds seroient facilement épuisez, il y a plus de trois mille Pauures refugiez ausquels on ne peut refuser vn morceau de pain sans leur oster la vie, Cinq cens malades que nous preferons aux autres, sans parler de la Pauure Noblesse & des honteux de la ville, dont le nombre augmente chaque jour.

De Laon, Marle, Veruins les 22. & 29. Ianuier 1652.

NOSTRE trauail pour le restablissement des Hospitaux de ces frontieres n'a pas mal reüssi, graces à Dieu, dont nos Pauures reçoiuent vn grand soulagement: Celuy de Laon prend vingt malades de la Campagne dont nous auons le choix, & donnons sept sols par jour pour chacun, celuy de la

Fere reçoit ce que nous y enuoyons à nos despens ; les administrateurs y entretiennent des filles pour les seruir ; Celuy de Fismes en prend huict, & l'on y donne vn peu de pain aux passans, lesquels ne trouuent plus rien par la ville. Outre l'argent dont nous auons besoin pour faire subsister ces malades, il faut des linges & des couuertures, leurs maladies ne viennent que de faim & de froid. Nous auons visité les enuirons de Rosoy, Montcornet & Marle, l'on en assiste deux cens dans ce dernier lieu, l'on porte du pain où l'on peut, l'on donne la vie à plusieurs ; Mais la famine est si grande, que celuy des nostres qui a fait la derniere visite, trouua six Pauures qui venoient d'expirer par la faim & par le froid, vn habit de treilly de 35. sols, & vn peu de pain leur peuuent donner la vie.

De Rheims, Rhetel, S. Souplaix les 22. & 30. Ianuier 1652.

NOvs auons fait nostre traitté auec les administrateurs de l'Hostel-Dieu de Rheims, ils prennent trente-six malades de la Campagne moyennant cinq sols par jour pour chacun ; Ce secours donnera la vie à vn tres-grand nombre de Païsans des enuirons. La rigueur du froid a reduit nos Pauures des Champs à la derniere extremité ; comme ils ne viuent que de racines sauuages, & que les neiges les ont couuertes, ils ne peuuent éuiter la mort ; L'aduis en ayant esté donné, vingt personnes de pieté sont sortis de Rheims à pied le baston à la main, cherchans par les villages ces pauures affligez, & leur portant le pain des aumosnes de Paris, & de celles que leur charité y a adjousté.

Le païs Rhetelois est tout desert, la pluspart des habitans sont morts de faim, les autres s'en vont dans l'Alsace & le Palatinat, les infirmes, les orphelins & les pauures veuues chargées d'enfans demeurent exposées à la rigueur de la famine & du froid à l'inhumanité des Soldats, à l'auarice des Gouuerneurs, & des Receueurs pour leur faire payer des contributions, ou des rançons, ou des Tailles.

L'Hospital de saint Souplaix est estably, il y a plus de cinquante malades lesquels en reçoiuent grand soulagement, cessant cela ils seroient reduits comme vn pauure homme du village voisin, lequel estant malade & n'ayant mangé pendant cinq jours, fut trouué mort apres s'estre deuoré la main; Iugez par là quel besoin nous auons de la continuation des aumosnes de Paris.

CONCLVSION.

IL ne faut plus parler apres cette lecture pour aduertir qu'il faut faire effort, l'on ne peut moins dépenser PAR MOIS QVE SEPT A HVICT MIL LIVRES. *Nous esperons que la sainteté du Caresme, nous fournira assez pour augmenter, & que ceux qui le voudront passer selon l'esprit de l'Eglise, accompagneront leurs prieres & leurs jeusnes de quelques liberalitez extraordinaires.*

Messieurs les Curez des Parroisses auront toûjours la Charité de les receuoir. *Madame la Presidente* DE HERCE, demeurant ruë Pauée, continuera son employ. Et Madame TRAVERZE, ruë S Martin chez Monsieur le President Meliand son frere, prendra la place de cette pieuse Dame que tout Paris regrette.

RELATION,

Du Mois de Fevrier 1652.

Contenant l'estat des Pauures de quelques endroits de Picardie & Champagne, où les Armées ont passé, & de ce qui s'est fait pour leur soulagement.

Extraict de plusieurs Lettres escrites par des Curez, des Officiers de la Iustice des lieux, & autres personnes dignes de foy, partis expres de Paris pour les secourir.

COMME nous n'auons point de paroles pour rendre des actions dignes de graces à ceux dont les aumosnes se sont respanduës comme des fontaines abondantes, pour arrouser la sterilité de ces deux Prouinces, que la charité de Paris a entrepris de soulager; Nous en auons beaucoup moins pour exprimer quel en est l'estat; Et faire voir en peu de paroles ce que l'on peut dire n'auoir esté veu ny entendu depuis plusieurs siecles. Nous ne parlerons point par exageration comme quelques-vns l'ont voulu faire croire; Nous ne produirons que des tesmoignages par escrit des Curez des villages, des Officiers de la Iustice Royale, des Escheuins des villes, & des Prestres de la Mission, lesquels depuis prés de deux ans exposent leur vie pour veiller sur la distribution des aumosnes que l'esprit de Dieu a fait sortir de la main de quelques particuliers pour les donner à IESVS-CHRIST en la personne de ces Pauures.

De Rheims & villages des enuirons de Boult sur la riuiere de Suippe les 12. 27. et 28. Feurier 1652.

NOVS auons fait examiner la Relation du mois de Ianuier; tant s'en faut qu'elle ne soit conforme à la verité, elle la diminuë. Elle ne rapporte pas la centiéme partie des miseres qui regnent en ces quartiers, où l'on ne se peut imaginer, quelles elles sont sans les auoir veuës ; Il n'y a point d'homme sur la terre qui en aye veu de plus prodigieuses, il ne se passe jour qu'il ne meure l'vn portant l'autre plus de deux cens personnes de faim en l'vne & l'autre Prouince, chacun crie à la faim, & dans les villes & dans les villages. Nous vous asseurons auoir veu de nos propres yeux, entre Rheims & Rhetel des troupeaux, non pas de bestes, mais d'hommes & femmes aller aux champs remuer la terre comme les pourceaux pour y trouuer quelques racines pour les nourrir faute de pain, & comme ils n'en arrachent que de meschantes & à moitié leur saoul, ils deuiennent si foibles qu'ils n'ont pas mesmes la force de chercher leur mort en trouuant leur vie ; Car ils tombent tous malades par ces aliments funestes : Le Curé de Boult, dont nous enuoyons la lettre à Paris, nous a asseuré auoir enterré trois de ses Parroissiens morts de faim, que les autres n'ont vescu que de pailles hachées & meslées auec de la terre dont ils composent vn manger que l'on ne peut appeller pain, puis qu'il n'est fait d'aucun grain. Que cinq cheuaux puants & pourris ont esté la pasture des autres. Qu'aujourd'huy 27e vn vieillard âgé de soixante & quinze ans, est entré dans son Presbitere pour faire rostir à son feu, vn morceau de chair de cheual mort de la galle depuis quinze jours, infecté de vers & jetté dans vn bourbier puant, l'on jugera par là si l'on exagere, & si l'on doit donner l'aumosne.

De Rethel, le dernier Feurier 1652. escrite par les Officiers de la Iustice & Escheuins de la ville.

NOVS n'auons pû moins faire que de mesler nos larmes auec celles de tous nos Pauures, & d'vnir nos Prieres auec eux par vn seruice solemnel que nous auons fait celebrer pour le repos de l'ame de la mere commune des affligés, Madame la Presidente de la Moignon, Nous voyons que le mesme esprit qui a commencé l'assistance de nos Pauures le continuë apres sa mort. En quelle extremité seroit nostre contrée si elle cessoit? Nous ne laissons pas de voir des peres abandonner leurs enfans, des maris leurs femmes par la grandeur de leur desespoir. Le Prestre enuoyé en cette ville & aux enuirons, y donne tous ses soins, & pour distribuer l'aumosne temporelle auec toute fidelité, & pour faire part de la spirituelle auec vne ardante charité.

De sainct Quentin le premier Mars 1652. par les Officiers de la Iustice, & Escheuins de la ville.

NOVS vous demandons au nom de nos Pauures la continuation de vos liberalités, sans lesquelles il faut qu'ils perissent, en estant mort nonobstant cela plus de deux cens de faim depuis quelque temps aux enuirons de cette ville. Nous y auons quatorze cens refugiez, & mille de nos Citoyens ausquels on donne chaque jour. Vn ballot de hardes est arriué fort à propos pour donner des chemises, & quelques habits aux habitans des villages de Francourt & Holnon, que les Bourguignons ont pillés entierement pour n'auoir pû leur payer la taxe de leur contribution.

De sainte Menehoud & saint Disier, les 18. et 26. Feurier 1652.

NOVS auons fait vne perte notable par la mort d'vne bonne fille qui seruoit nos Pauures. Monseigneur de Chaalons qui trauaille sans cesse sur son troupeau, nous en a donné vne pour continuer les potages; tous les soins de ce Prelat joints à ceux de ses Curez & des nostres ne peuuent empescher qu'il n'en meure de faim vn tres-grand nombre. Les *huict cens liures* destinés par mois pour ces Cantons, sont employez pour prés de huict cens familles. Ce n'est que vingt sols par mois pour chacune, jugez ce que c'est pour vn si grand nombre.

CONCLVSION.

L*A despense augmente & la charité se refroidit, il ne faut pas moins* DE HVICT MIL LIVRES PAR MOIS *pour con-*

tinuer seulement ce que l'on a commencé. Comment oserions-nous demander de l'augmentation? Nous esperons neantmoins que la mort de IESVS-CHRIST *que nous celebrons en ce saint temps de la Passion produira des effets d'une liberalité extraordinaire dans les cœurs de ceux qui sont persuadez qu'ils ne peuuent rien receuoir de luy qu'en luy donnant en la personne du Pauure, & qu'il n'y a point d'autre moyen d'esteindre le feu de la Guerre Ciuile, qui va respandre le sang de nos freres, qu'en versant des aumosnes en abondance pour le soulagement de ceux qui en ressentent déja les malheureux effects.*

Ceux qui auront deuotion de donner, s'adresseront à Messieurs LES CVREZ *des Parroisses, ou Mesdames* LA PRESIDENTE DE HERCE, *ruë Pauée;* & DE TRAVERZE *ruë saint Martin, chez Monsieur le President* MELIAND *son frere.*

RELATION GENERALE, des mois de Mars & Avril.

Contenant l'estat des Pauures des faux-bourgs & villages des enuirons de Paris. Ce qui se peut faire pour leur soulagement. Ensemble la suitte de ce qui s'est passé pour ceux de Picardie & Champagne pendant les mois de Mars & Avril 1652.

LORS que nos Relations exposoient à tout Paris l'extreme affliction & pauureté que le malheur de la guerre apportoit à ses voisins, la Charité de quelques-vns ne s'eschauffoit pas moins pour les secourir que celle des autres se refroidissoit; aymant mieux fermer les yeux et les oreilles, ou faire passer ces choses pour des exagerations, que de condamner leur peu d'amour pour ceux desquels le Fils de Dieu a pris la place en disant que ce qui estoit fait au moindre l'estoit à luy mesme.

Mais enfin il ne faut plus chercher d'excuses, les Pauures de nos faux-bourgs qui languissent de faim depuis quelques mois, Ce nombre infiny de refugiez de la Campagne depuis l'approche des armées se presente en foule, & leur voix retentit de toutes parts. La desolation de nos villages est assez publique pour n'auoir plus besoin d'estre annoncée, il est temps de se réueiller du sommeil, puis que Dieu frappe à nos portes par vne inondation de gens de guerre. Il se faut preparer aux mesmes fleaux dont les autres Prouinces ont esté affligées ; Nous ne pouuons detourner ce malheur que par vn dernier effort en soulageant par nos aumosnes ceux qui sont chez nous et auprés de nous, & les continuant tout autant qu'il plaira à Dieu nous en donner le moyen pour ceux qui ne peuuent viure que par nous.

Des faux-bourgs S. Marcel, S. Iacques, S. Denys, S. Laurens, S. Martin, & la Ville-Neuue sur Grauois, le 4. May 1652.

POVR attirer vn nouueau secours sur les six Parroisses qui composẽt la meilleure partie de ces faux-bourgs, Nous rendrons compte au public de ce que l'on a fait depuis le commencement de cette année pour leur soulagement. Le trauail des ouuriers ayant cessé par la cessation du cõmerce que la guerre a osté dans les Prouinces ; quelques personnes de pieté voyans ces Pauures gens abandonnés de tout secours, & ayans sceu que quelques-vns estoient morts de faim, se sont vnis pour leur soulagement. L'on a choisi par le ministere de Messieurs les Curez, & de leurs Vicaires les plus chargez d'enfans, & les moins propres au trauail, pour lesquelles l'on a estably des Potages. Il y en a pour neuf cens en la Parroisse S. Hypolite, trois cens cens pour saint Martin. Six cens pour S. Laurens.

Cette despense est déja de plus de *Seize cens liures* par mois, & le manque de fonds empesche que l'on le puisse faire aux autres Parroisses, & principalement à sainct Medard, où il y a plus de dix-huict cens familles d'Artisans en extreme necessité, sans parler d'vn nombre tres-grand de refugiez de la Beausse & des enuirons de Paris. Quelques autres personnes de pieté ont donné lesdits Potages en la Parroisse de Villeneuue. Mais principalement pour quelques refugiez de Picardie & Champagne, Nous souhaiterions faire la mesme chose pour ceux des Villages voisins, que le malheur de la guerre a jettez dans Paris. L'on pretend retirer en quelques maisons des faux-bourgs des pauures filles des champs, qui pour n'auoir point de retraitte sont exposées au peril de leur honneur. Mais pour tout cela il est besoin d'vn grand secours, nous esperons que la calamité presente touchera les cœurs, & les portera à quelque liberalité extraordinaire, par le moyen de laquelle Dieu nous deliurera des effects de sa colere.

De Chastres, Linas & enuirons de Paris où les armées sont campées le 4 May 1652.

L'On ne connoit que trop la grandeur de nos maux; neantmoins pour engager les personnes de pieté à ne pas moins faire pour ceux qui sont à leurs portes qu'ils ont fait dans l'espace de pres de quarante lieuës de Païs depuis Saint Quentin jusques à Sedan; Nous dirons en peu de mots, que l'on n'entend parler en ces quartiers que de meurtres, pillages, volleries, violemens, sacrileges, les Eglises ny sont pas moins pillées que sur les frontieres: Le Saint Sacrement n'a pas esté moins ietté par terre pour emporter les Ciboires. Les villages sont deserts : La plus-part des bleds sont coupez; Les Curez en fuitte & sans troupeau; Les païsans refugiez dans les bois, où ils souffrent la faim & la juste crainte d'estre tuez par ceux qui les poursuiuent. Le seul remede à ces malheurs est d'attirer la paix par nos aumosnes, & non pas d'attendre à les faire apres la paix.

De Picardie et Champagne, Mars & Avril 1652.

LES aumosnes ont tousiours continué pendant ces deux mois, La depence du mois de Mars a esté de *dix mil liures* ou enuiron, Celle d'Avril de *treize mil liures* dans laquelle l'on a employé la meilleure part pour achepter des orges & les faire semer comme l'an passé. L'experience ayant appris que c'est le plus grand soulagement que les pauures puissent receuoir; On les a distribuées le plus égallement que l'on a pû. Les Prestres de la mission partis exprés de Paris sont encor en leurs quartiers où ils ne peuuent abandonner vn tres grand nombre de malades qui n'esperent leur guerison que par le secours des aumosnes de Paris.

Ceux qui auront deuotion de donner ou pour les Faux bourgs, ou pour les enuirons de Paris, ou pour continuer l'assistance des pauures malades de Picardie et Champagne, s'adresseront comme par le passé à MESSIEVRS LES CVREZ *des Parroisses, ou à Madame la Presidente* DE HERCE *ruë Pauée, ou à Madame* DE TRAVERZE *ruë sainct Martin chez Monsieur le President Méliand son frere.*

Mois de May 1652.

RELATION SOMMAIRE

Contenant le denombrement des *dix à douze mile* Pauures des Parroisses des Faux-bourgs de Paris, dont les parroissiens sont dans l'impuissance de les secourir. Ce qui s'est fait pour l'establissement des potages en quelques vnes desdites Parroisses. Pour retirer des pauures filles des champs abandonnées par les ruës. Et la necessité d'vn prompt secours pour augmenter, & continuer cette Aumosne extraordinaire.

LE pressant besoin que l'on a trouué dans la visite des Parroisses dont nous deuons parler, ne nous permet autre discours que pour representer à tout Paris, que c'est vn ouurage public que l'on entreprend, & qu'il est de telle importance d'y trouuer vn prompt remede; que cessant mesme la loy de l'Euangile qui nous oblige de donner de nostre propre substance pour sauuer la vie du Pauure; la seule police y doit obliger, pour empescher le desordre que pourroit exciter vn peuple affamé, ou les maladies que la corruption d'vne mauuaise nourriture luy peut causer. Voicy, cependant, ce que la charité de quelques particuliers a commencé.

Des Faux-bourgs S. Marcel, S. Victor, & S. Iacques, le 28. May 1652.

L'On a fait la visite dans les quatre Parroisses dont ce premier Faux-bourg est composé, en laquelle

Meſſieurs les Curez & Vicaires & autres perſonnes de pieté n'ont trouué que des objets dignes de larmes. Des ouuriers qui donnoient l'aumoſne l'année derniere, reduits des jours entiers auec pluſieurs enfans ſans mãger vn morceau de pain. Des Pauures refugiez de la campagne, à ne viure que d'herbes cruës, comme ſur les frontieres de Picardie; pour le ſoulagement deſquels l'on a eſtably des marmites pour leur donner vne partie de leur vie en leur donnant quelques portions de potage.

A S. HYPOLITE *pour neuf cens perſonnes*, ſans y comprendre les refugiés. Ce qui s'eſt fait depuis le mois de Fevrier auec telle vtilité, que la pluſpart n'ont eu autre nourriture que leur portion, quoy que fort maigre.

A S. MARTIN du meſme Faux-bourg pour *trois cens*, quoy que la Parroiſſe ſoit tres-petite.

LES REFVGIEZ DES CHAMPS qui demeurent ſur l'vne & l'autre Parroiſſe reçoiuent en meſme lieu leur diſtribution, & elle ſe fait pour *mile* perſonnes ou enuiron, tant hommes, femmes, que petits enfans, que la fureur de la guerre a chaſſez de leurs maiſons. On leur fait vne exhortation auparauant la diſtribution, afin de nourrir leurs ames par la parole Diuine, pendant que l'on ſoulage leurs corps par cette nourriture.

A SAINT IACQVES DV HAVT PAS, l'on pratique la meſme choſe pour *vnze cens* perſonnes. La diſtribution ſe fait à deux heures proche les Egliſes.

AV FAVX-BOVRG S. VICTOR y comprenant la portion du Faux-bourg Saint Marcel qui eſt de la parroiſſe S. ESTIENNE DV MONT, l'on a fait la meſme entrepriſe pour prés de *quinze cens* perſonnes.

Nous eſperons commencer cette ſemaine prochaine pour la Parroiſſe SAINT MEDARD qui eſt la plus grande de toutes. Noſtre rolle eſt déja de prés de *quinze* à *ſeize cens*, mais à moins que le public y contribuë, l'on ne pourra ny commencer ce ſecours ſi important, ny continuer les autres.

Des faux-bourgs S. Laurens, S. Denys, de la Ville-Neuue ſur Grauois, et S. Roch, le 28. May 1652.

CEs quartiers n'eſtans pas moins abandonnés que les autres, ne meritent pas vn moindre ſecours. Nous l'auons commencé en quelque partie, & l'on n'oſe entreprendre le reſte ſi la charité n'eſt plus eſchauffée.

LA PARROISSE S. LAVRENS nous a fourny tout au moins *dix-ſept cens* Pauures, tant ouuriers que refugiés pour leſquels l'on a eſtably les marmites.

Il nous reſte la Parroiſſe de LA VILLE-NEVVE SVR GRAVOIS, qui nous en pourroit fournir auſſi grand nóbre.

CELLE DE S. ROCH ne nous ſeroit pas moins liberale à nous fournir des Pauures, ſi la liberalité des Riches eſtoit plus certaine.

Outre ces deſpenſes, nous auons loüé des maiſons dás les Faux bourgs, où l'on a retiré des pauures filles des champs qui eſtoient en peril de leur honneur, on les inſtruit, on les fait trauailler en attendant qu'elles puiſſent retourner en leurs villages par le moyen d'vne Paix que nous ne pouuons eſperer que par les bonnes œuures.

CONCLVSION.

N*Ous ne parlons point des Faux-bourgs* S. GERMAIN, S. ANTHOINE & MONT-MARTRE, *parce que la*

Pieté des Parroissiens qui ont le moyen de les secourir, tasche quoy qu'auec grande peine à y donner quelque remede. Nous ne proposons que ceux qui ne peuuent estre aydez que par les Parroissiens de la ville, lesquels ne se peuuent excuser sous le pretexte d'assister leurs Parroisses, dans la plus part desquelles il y a fort peu de Pauures & beaucoup de Riches, au lieu que dans les Faux-bourgs dont nous auons parlé cy-dessus, il n'y a que des Pauures & point de Riches.

Ils verront que ce denombrement n'est pas moindre que de dix à douze mile, *sans parler des mendians : Quand ils n'auroient qu'vn sol par jour pour chacun, il est facile à calculer quelle est la grandeur de cette despence, qui seroit de* cinq ou six cens liures par jour.

Ceux qui auront deuotion de donner, ou de l'Argent, ou des Pois, Sel, & Bœure, qu'il faut acheter pour les potages; s'adresseront comme par le passé, ou à Messieurs LES CVREZ *des Parroisses, ou à Madame la Presidente* DE HERCE *ruë Pauée, ou à Madame* DE TRAVERZE *ruë saint Martin, ou à Mademoiselle* DE LAMOIGNON *ruë Aubry Boucher.*

MOYEN POVR OBTENIR DE DIEV vne veritable Paix, par l'interceſſion de Sainte GENEVIEFVE, en la ſolemnité de la deſcente de ſa Chaſſe.

COmme il n'y a rien qui engage plus les Saints à nous eſtre fauorables, que quand nous imitons les vertus qui les ont rendus aggreables à ſa diuine Majeſté, nous ne pouuons chercher vn plus puiſſant moyen pour obtenir de Dieu ce que nous luy demandons, par l'interceſſion de noſtre Patrône, qu'en imitant le zele ardant qu'elle a eu pour les Pauures, & particulierement de cette Ville de Paris; Sa vie nous apprenant qu'elle y fit venir des Blés pendant vne famine qui la dépeuploit, & qu'elle diſtribuoit elle meſme les pains aux Pauures. C'eſt ce qui nous a obligé de donner au public,

Le denombrement de *Douze mille* Pauures dans les Parroiſſes des Faux-bourgs de Paris, dont les Parroiſſiens ſont dans l'impuiſſance de les ſecourir. Ce qui s'eſt fait pour l'eſtabliſſement des potages en quelques vnes deſdites Parroiſſes. Pour retirer des pauures filles des champs abandonnées par les ruës. Et de montrer la neceſſité d'vn prompt ſecours pour augmenter, & continuer cette Aumoſne extraordinaire.

Des Faux-bourgs S. Marcel, S. Victor, & S. Iacques, le 6. Iuin 1652.

L'On a fait la viſite dans les quatre Parroiſſes dont ce premier Faux-bourg eſt compoſé, en laquelle

Messieurs les Curez & Vicaires & autres personnes de pieté n'ont trouué que des objets dignes de larmes. Des ouuriers qui donnoient l'aumosne l'année derniere, reduits des jours entiers auec plusieurs enfans sans māger vn morceau de pain. Des Pauures refugiez de la campagne, à ne viure que d'herbes cruës, comme sur les frontieres de Picardie; pour le soulagement desquels l'on a estably des marmites pour leur donner vne partie de leur vie, en leur donnant quelques portions de potage.

A S. HYPOLITE *pour neuf cens personnes*, sans y comprendre les Refugiés. Ce qui s'est fait depuis le mois de Feurier auec telle vtilité, que la pluspart n'ont eu autre nourriture que leur portion, quoy que fort maigre.

A S. MARTIN du mesme Faux-bourg pour *trois cens*, quoy que la Parroisse soit tres-petite.

LES REFVGIEZ DES CHAMPS qui demeurent sur l'vne & l'autre Parroisse, reçoiuent en mesme lieu leur distribution, & elle se fait pour *mille* personnes ou enuiron, tant hommes, femmes, que petits enfans, que la fureur de la guerre a chassez de leurs maisons. On leur fait vne exhortation auparauant la distribution, afin de nourrir leurs ames par la parole Diuine, pendant que l'on soulage leurs corps par cette nourriture.

A SAINT IACQVES DV HAVT PAS, l'on pratique la mesme chose pour *douze cens* personnes. La distribution se fait à deux heures proche les Eglises.

AV FAVX-BOVRG S. VICTOR y comprenant la portion du Faux-bourg Saint Marcel qui est de la parroisse S. ESTIENNE DV MONT, l'on a fait la mesme entreprise pour prés de *quinze cens* personnes.

Nous esperons commencer cette semaine prochaine pour la Parroisse SAINT MEDARD qui est la plus grande de toutes. Nostre rolle est déja de prés de *quinze à seize cens*, & ira apparément à plus de *deux mille;* mais à moins que le public y contribuë, l'on ne pourra ny commencer ce ſecours ſi important, ny continuer les autres.

Des faux-bourgs S. Laurens, S. Denys, de la Ville-Neuue ſur Grauois, et S. Roch, le 6. Iuin 1652.

CEs quartiers n'eſtans pas moins abandonnés que les autres, ne meritent pas vn moindre ſecours. Nous l'auons commencé en quelque partie, & l'on n'oſe entreprendre le reſte ſi la charité n'eſt plus eſchauffée.

LA PARROISSE S. LAVRENS nous a fourny tout au moins *dix-ſept cens* Pauures, tant ouuriers que Refugiés pour leſquels l'on a eſtably les marmites. Le nombre augmente chaque iour, il pourroit ſe monter à plus de *trois mille.*

Il nous reſte la Parroiſſe de LA VILLE-NEVVE SVR GRAVOIS, qui nous en pourroit fournir plus de *mille*, leſquels periſſent de faim dans l'attente.

CELLE DE S. ROCH ne nous ſeroit pas moins liberale à nous fournir des Pauures, ſi la liberalité des Riches eſtoit plus certaine.

Outre ces deſpenſes, nous auons loüé des maiſons dãs les Faux bourgs, où l'on a retiré des pauures filles des champs qui eſtoient en peril de leur honneur, on les inſtruit, on les fait trauailler en attendant qu'elles puiſſent retourner en leurs villages par le moyen d'vne Paix que nous ne pouuons eſperer que par les bonnes œuures.

CONCLVSION.

N*Ous ne parlons point des Faux-bourgs* S. GERMAIN, S. ANTHOINE & MONT-MARTRE, *parce que la Pieté des Parroiſſiens qui ont le moyen de les ſecourir, taſche quoy qu'auec grande peine, à y donner quelque remede. Nous ne propoſons que ceux qui ne peuuent eſtre aydez que* *par les Parroissiens de la Ville, lesquels ne se peuuent excuser sous le pretexte d'aßister leurs Parroisses, dans la plus part desquelles il y a fort peu de Pauures & beaucoup de Riches, au lieu que dans les Faux-bourgs dont nous auons parlé cy-dessus, il n'y a que des Pauures & point de Riches.*

Ils verront que ce denombrement est au de là de douze mille *Pauures, sans parler des mendians : Quand ils n'auroient qu'vn sol par jour pour chacun, il est facile à calculer quelle est la grandeur de cette despence, qui seroit de* six cens liures *par jour.*

Il y a outre cela vn nombre infiny de malades, lesquels ne pouuant manger de ces potages, qui ne sont que pour les sains sont en estat de perir, s'il n'y est pourueu en contribuant à la despense que l'on fait aux Charités establies dans ces pauures Parroisses.

Ceux qui auront deuotion de donner, ou de l'Argent, ou des Pois, Sel, & Bœure, qu'il faut acheter pour les potages; s'adresseront comme par le paßé, ou à Meßieurs LES CVREZ *des Parroisses, ou à Madame la Presidente* DE HERCE *ruë Pauée, ou à Madame* DE TRAVERZE *ruë saint Martin, ou à Mademoiselle* DE LAMOIGNON *ruë Aubry Boucher.*

RELATION GENERALE, Des Mois de Iuin & Iuillet 1652.

Contenant ce qui s'est passé pour le soulagement des Pauures des Faux-bourgs de Paris. L'establissement commencé à Palaiseau, Estampes & és enuirons : Ensemble la suitte de ce qui s'est fait en Picardie & Champagne.

SI nous suiuons la prudence du siecle, l'on se moquera de nos entreprises ; Si nous agissons selon l'Esprit de Dieu, sa Charité répanduë dans nos cœurs n'aura point de bornes. Comme elle cherche tout, elle nous a portés à soulager ce grand nombre de Pauures dont nos Faux-bourgs ont esté remplis par la calamité de la guerre funeste que nos pechés ont attiré sur cette ville. Nous esperions vn prompt secours par les assemblées de la Police ; Mais comme elles n'ont eu aucun effect, elles n'ont seruy qu'à diminuer les Aumosnes & nous mettre en estat de quitter ce qui estoit commencé, & d'abandonner QVINZE à SEIZE MILLE *Pauures des Faux-bourgs à la derniere extremité, si Dieu n'eust suscité quelques particuliers qui n'ont point voulu d'autres Juges pour les condamner à faire l'Aumosne, que celuy lequel a dit :* VENDEZ CE QVE VOVS POSSEDEZ ET DONNEZ L'AVMOSNE Luc 12. 33. QVE CELVY QVI A DEVX ROBES EN DONNE A CELVY QVI N'EN A POINT, ET QV'IL FASSE LA MESME CHOSE EN CE QVI REGARDE LA NOVRRITVRE, Luc 3. 9.

Des Faux-bourgs S. Marcel, S. Victor, S. Iacques, Saint Laurens, S. Denys, De la Ville-Neuue sur Grauois, et S. Roch, le 16. Iuillet 1652.

IL faudroit vn long discours pour exprimer ce qui s'est fait en ces deux mois. Plus de QVINZE A SEIZE MILLE

Pauures tant des champs que des Faux-bourgs ont receu quelque ſoulagement par l'eſtabliſſement des potages : Le manque d'argent a eſté cauſe que quelques-vns ne l'ont pas eu tous les jours. Ceux du faux-bourg Sainct Victor au nombre de DEVX MILLE ne l'ont receu que trois fois la ſemaine : La Parroiſſe S. Medard que quatre fois ; Et nous pouuons dire par vne connoiſſance toute particuliere que les jours auſquels le potage n'a pas eſté donné, la pluſpart des Pauures Artiſans de S. Medard & de la Ville Neufue qui ne le reçoiuent auſſi que quatre fois la ſemaine (ſans parler des autres qui n'en ont pas eſté exempts) ont eſté couper des morceaux de la chair des cheuaux tués au combat du Faux-bourg S. Antoine, qui leur ont ſeruy de nourriture ſans ſel ny pain. Chacun ſçait par ſa propre experience quelle en eſt la cherté, puis qu'on le vend juſques à dix ſols la liure. C'eſt-ce qui a augmenté noſtre deſpenſe & qui nous auroit mis dans l'impuiſſance, ſans la retraitte de pluſieurs Pauures des champs auſquels nous auons encor donné quelque argent pour achepter des faucilles, & les conduire en quelque Prouinces plus tranquilles. Mais cette meſme impuiſſance va continuer ſi le public ne fait effort pour ſauuer la Ville, en la deliurant de la mortalité qui tombera ſur vn nombre infiny de ſes Citoyens dont la pluſpart ſont malades, & les autres paſſent les journées entieres auec leurs enfans ſans manger vn morceau de pain.

De Palaiſeau, d'Eſtampes & villages des enuirons.

CEtte charité dont nous auons parlé qui cherche tout, nous a fait paſſer par deſſus les miſeres des villages des enuirons de Paris auſquels l'on ne peut donner ſecours pendant le ſejour des armées pour aller aux lieux où elles ont fait vne plus longue demeure. Le Camp de Palaiſeau & celuy d'Eſtampes ont eſté les premieres démarches de nos Missionnaires ; quelques-vns desquels ont quitté la Picardie & Champagne pour trouuer dans ces quartiers des sujets dignes de leur zele, & de la liberalité de ceux qui se veulent faire des amis de leurs richesses. Les Relations qu'ils nous ont données de ce qu'ils ont veu, sont dignes de larmes, & nous marquent à quel point la main de Dieu est appesantie sur nos restes. Ils ont veu par les villages des personnes qui ressembloient plus à des morts qu'à des viuans. La ville d'Estampes toute démolie, enuironnée de corps morts ; Ce qui reste de maisons plain de malades qui n'ont que la peau collée sur les os, & n'ont pas mesme vn verre d'eau pour les soulager. Le village d'Estrechy où les armées ont campé remply de mourants & de morts. Ils ont donné la sepulture à ceux qui estoient exposez à la pasture des bestes, & dont la puanteur infectoit l'air. Ils ont trouué les viuants auec les morts. Vn pauure garçon qu'ils croyoient mort, & que l'on portoit dans la fosse, ayant remué la main receut les Sacremens, apres auoir languy tres long-temps entre deux corps morts sans aucun secours. Ils ont estably six Marmites, deux pour les malades d'Estampes, dont le nombre est tres-grand ; Vne à Estrechy, l'autre à Ville-Comin ; La cinquiéme à Guillerual, laquelle sert pour trois villages ; La sixiéme à S. Arnoul. L'on va faire partir de Paris des filles de la Charité pour soulager les Malades, & songer aux remedes temporels, pendant que les Prestres s'adonneront aux spirituels, pour tenir la place des Curez dont la plusspart sont malades. Cette entreprise a besoin d'vn grand secours.

De Picardie & Champagne.

Nous n'oserions parler de la calamité de ces deux Prouinces, puisque nous sommes pressez par des objets qui nous sont plus proches ; l'on a fait ce que l'on a pû pour les aider jusques à la Moisson, Mais l'innondation des Lorrains qui est venuë jusques à nos portes les plonge dans de nouueaux malheurs, desquels ils ne pourront sortir que par vn miracle tout particulier de la diuine Prouidence.

CONCLVSION.

PVis que Dieu nous frape par tant de fleaux, appaisons-le par nos Aumosnes; Que les Laïques vendent le superflu, qu'ils retranchent de ce qui en vn autre temps leur paroistroit necessaire, puis qu'on ne peut plus douter qu'il n'y ait maintenant vne obligation tres-estroite d'assister les Pauures de tout son pouuoir. Que les Communautés Ecclesiastiques pratiquent ce qu'ont fait leurs Predecesseurs depuis les Apostres jusques à nous, en employant leurs biens & mesmes jusques aux vases Sacrés aprés auoir vendu les argenteries les moins necessaires, selon le sentiment vniuersel des Peres, des Papes, & des Conciles. Vne Communauté de Religieuses a suiuy depuis peu de jours ce sainct Exemple, en donnant pour les Pauures vne Image d'argent de leur Saincte. Nous esperons qu'il aura quelque suitte, & que nous aurons cette consolation en ces jours miserables, de voir les vœux des fideles employés à nourrir JESVS-CHRIST *en la personne des Pauures.*

Nostre despense est excessiue. Ceux qui auront deuotion d'y contribuer, s'adresseront comme par le passé, à Messieurs LES CVREZ *des Parroisses, ou à Madame la Presidente* DE HERCE *ruë Pauée, ou à Madame* DE TRAVERZE *ruë saint Martin, ou à Mademoiselle* DE LAMOIGNON *ruë Aubry Boucher.*

RELATION EXTRAORDINAIRE,

Contenant ce qui s'est passé pour le retranchement des Potages aux Faux-bourgs de Paris: La necessité de donner vn prompt secours aux Malades, dont le nombre est extreme: Auec la suitte de ce qui se fait pour les Malades d'Estampes & des enuirons.

NOvs esperions à la fin de ce mois donner nostre Relation ordinaire pour faire voir la suitte du soulagement de nos Pauures: Mais la misere du temps & le refroidissement de la Charité, Nous ayans obligés de reduire les Potages de tous les Faux-bourgs que nous seruons à trois fois la semaine seulement pour vn grand nōbre de Femmes chargées d'Enfans & Vieillards qui ne peuuent quitter la Ville pour aller aux champs. Nostre esperance estoit de continuer ce secours si vtile, mais les aumosnes ayans cessé, nostre impuissance nous a portez à les retrancher entierement. Il n'est pas difficile à persuader ceux qui s'informent tant soit peu de la calamité des Pauures, combien dure leur a esté cette nouuelle; quels gemissemens ont esté entendus de la part de ceux dont les Enfans n'auoient presque point d'autre nourriture: Enfin pour ne pas manquer à vn secours encor plus necessaire, nous nous sommes renfermez dans le soin des Malades (qui est le motif de cette Relation) dont le nombre est si grand dans toutes les Parroisses, que dans les deux plus petites du Faux-bourg Saint Marcel (saint Martin & saint Hyppolite) qui estant vnies ensemble ne font pas la moitié de saint Medard du mesme Faux-bourg : il y a aujourd'huy tout au moins trois cens malades, lesquels n'ont autre soulagement que celuy qui leur est donné par les Charités establies dans les Parroisses, lesquelles ne peuuent subsister que par des Aumosnes extraordinaires.

POVR ESTAMPES, l'arriuée du nouueau secours des Prestres de la Mission & Sœurs de la Charité a fort réjouï les Malades & ceux qui ont commencé de les seruir, dont l'vn a desja receu la recompense de ses soins par vne heureuse mort : La misere est telle qu'elle ne se peut exprimer : la mortalité si grande que les Cimetieres sõt trop petits pour receuoir les corps : les Loups commencent à y chercher leur pasture, & sont desja si affamez du sang de l'homme, qu'vne beste court par les villages voisins & a deuoré trois Femmes : La despense y augmente chaque iour, elle est desja de six cens liures par semaine.

Ceux qui voudront à l'exemple du grand saint Laurens mettre leurs biens en seureté pendant ce temps où ils sont rauis et emportez en vn moment, qu'ils les cachent dans le sein de ces troupes de Pauures, & des champs & de la ville qui nous enuironnent en les soulageant dans leurs maladies, rassasiant leur faim & couurant leur nudité.

Et pour cela qu'ils s'adressent comme à l'ordinaire:

A Messieurs LES CVREZ *des Parroisses, ou à Mes Dames les Presidentes* DE HERCE *ruë Pauée,* DE TRAVERZE *ruë saint Martin, & Mademoiselle* DE LAMOIGNON *ruë Aubry Boucher.*

Fait à Paris le 10. iour d'Aoust Feste saint Laurens 1652.

Mois de Septēb. & Octob. 1652.

SVITE DE LA RELATION ORDINAIRE,

Contenant le déplorable estat des Pauures malades des Faux-bourgs de Paris. La necessité de secourir ceux des Villages des enuirons: Ensemble ce qui s'est passé pour ceux d'Estampes. D'où l'on peut conclurre *quelle est l'obligation indispensable de retrancher les superfluités des maisons Seculieres, & mesmes vendre jusques aux argenteries des Eglises.*

Nous n'auons plus besoin des extraicts de nos Lettres pour faire connoistre à tout Paris quelle est la grandeur des miseres. Il ne faut que voir & entendre pour en estre persuadé: Mais il faut que Dieu parle au cœur pour estre conuaincu de l'obligation qu'il y a d'employer tous moyens pour assister ceux qui souffrent en ces jours funestes, où nous viuons, dans lesquels l'on peut dire apres le Prophete, que la fureur de Dieu est embrazée contre nous, *& que l'on voit dans Paris et dans les enuirons la fumée de cét embrasement : Qui peut donc l'esteindre si ce n'est l'Aumosne? puis que selon le tesmoignage de l'Escriture elle esteint mesme le peché,* COMME L'EAV ESTEINT LE FEV LE PLVS ARDANT, AINSI LA MISERICORDE ENVERS LES PAVVRES

EXPIE LES PECHEZ, DIEV LA RECOMPENSERA ET S'EN RESSOVVIENDRA EN SON TEMPS, ET L'HOMME CHARITABLE TROVVERA DE LA PROTECTION ET DE L'APPVY LORS QV'IL TOMBERA DANS QVELQVE MALHEVR, Ecclesiast. 3. 33.

Des Faux-bourgs S. Marcel, S. Jacques, S. Laurens, S. Denys, & de la Ville-Neuue sur Grauois.

QVOY que la Charité nous oblige à rechercher le soulagement des autres endroits de Paris où le nombre des Pauures augmente chaque iour. Cette mesme charité nous a particulierement attachez au seruice de ceux dont les Parroissiens sont dans l'impuissance entiere de les assister. L'on sçait quel secours ils ont receu par l'establissement des Potages que l'on donnoit à HVICT ou DIX MILLE Pauures & refugiez & originaires, pendant les mois de May, Iuin & Iuillet derniers; le manque de fonds les a fait cesser pour les mois suiuans. Nous nous sommes attachez aux malades dont le nombre est si grand que deux des moindres Parroisses qui composent ces Faux-bourgs. Saint HYPPOLITE & S. MARTIN nous en fournissent aujourd'hy prés de CINQ CENS; Les vns sont Ouuriers de la ville dont la cessation du trauail est cause de leur extreme indigence en suitte de leur langueur & maladie; les autres sont des villages voisins qui cherchent vne mort tranquille pour éuiter la cruauté des Soldats, ils y reçoiuent les Sacremens s'ils n'y trouuent autre secours, les Prestres qui les administrent les trouuent dans des greniers ou dans des caues, où pour tout meuble ils n'ont que de la paille pourrie; ils meurent dans l'ordure & la puanteur des flux & dissenteries; & quand il les faut enseuelir il les faut nettoyer comme s'ils sortoient d'vn bourbier. Nous auons fait tous nos efforts pour les empescher de perir, on leur a fait des potages à la viande, & les Sœurs de la Charité leur ont donné les remedes, elles nous asseurent en auoir trouué qui ne mangeoient que des boyaux de bestes mortes, & que plusieurs sont morts en cét estat. Si l'on ne fait quelque effort, il nous faut tout abandonner, vn petit nombre de particuliers ne pouuant porter vne dépense de prés de QVATRE MIL LIVRES par mois pour les seuls malades.

Des villages des enuirons de Paris & Estampes.

LA suitte de nos malheurs, & cette innondation de toutes sortes de Nations qui nous enuironnent, nous dispensent d'vne preuue plus particuliere de l'estat des Pauures. Qui voudra faire le circuit de cette grande ville il n'y trouuera que des objects funestes. La Brie est en tel estat par le campement des armées que l'on sçait qu'elle est semblable aux frontieres les plus desolées; que les Eglises sont sans Pasteurs; les villages deserts; que l'on trouue les Pauures habitans mourans sans Sacremens, & n'ayant autre nourriture qu'vn peu d'eau & de raisin. L'on se dispose a enuoyer des Prestres, mais s'il n'y a quelque liberalité l'on ne les peut faire subsister, & ils ne pourront rien donner. Les autres cantons ne sont pas en meilleur estat; Qui peut exprimer celuy de Lagny, Corbeil & des enuirons? La France n'est plus la nourrice de Paris elle a besoin d'estre nourrie en la pluspart de ses villages d'où les bleds ont esté enleuez. Le Canton de saint Cloud a esté moissonné par vne main estrangere & les terres sont en friche. Celuy de Pallaiseau se ressent du premier sejour des armées au mois de May dernier. En fin, si Dieu n'y met la main, & si nous ne l'appaisons par nos aumosnes en empruntant, ou vendant les argenteries, nous voila reduits comme la Lorraine, & sans pouuoir nous attendre à vne pareille assistance qu'elle a receu de Paris dans son affliction.

Pour Estampes l'estat est tel que l'on a delaissé les malades des villages, l'on s'attache seulement à ceux de la ville qui est en telle desolation que l'on n'a pû trouuer vne femme pour veiller l'vne des Sœurs de la Charité, laquelle a finy ses jours en seruant les Pauures de ce lieu, apres les auoir secourus pendant prés de deux ans en Picardie & Champagne.

CONCLVSION.

Nous ne sçaurions dire quelle peut estre nostre dépence, nous ne la pouuons regler que sur le passé, & nous ne la pouuons faire à l'aduenir que par les efforts des Riches. L'on ne peut assister les malades des Faux-bourgs à moins de TROIS A QVATRE MILLE LIVRES *par mois. Et comme les reuenus ordinaires manquent à tout le monde, ils seront sans doute abandonnez si* CEVX QVI ONT DEVX ROBES (c'est à dire qui ont au delà du necessaire) N'EN DONNENT VNE A CEVX QVI N'EN ONT POINT, *Comme dit le Precurseur du Fils de Dieu en S. Luc 3. 9.* S'ILS NE VENDENT CE QV'ILS POSSEDENT POVR DONNER L'AVMOSNE, *Comme dit ailleurs le Sauueur en S. Luc 12. 33. Si les Communautez Ecclesiastiques ne pratiquent ce qu'ont fait tous les Saincts en vendant les argenteries, & les ornemens non necessaires de leurs Eglises, qui sont dans leurs tresors, non pour y souffrir la roüille & les vers, mais pour estre distribuez aux Pauures ausquels ils appartiennent suiuant le consentement vniuersel des Peres, des Papes, & des Conciles.*

Ceux qui auront deuotion de donner, s'addresseront à Messieurs LES CVREZ des Parroisses, ou à Madame la Presidente DE HERCE ruë Pauée, Madame DE TRAVERZE ruë S. Martin, ou à Mademoiselle DE LAMOIGNON ruë Aubry Boucher.

ABREGE' VERITABLE,

Contenant le particulier de ce qui s'est fait pour le soulagement des Pauures des Villages du Diocese de Paris, la necessité de soustenir cette entreprise par des Aumosnes extraordinaires, & pareillement de les employer à la continuation de l'assistance du grand nombre des malades des Faux-bourgs.

NOSTRE *derniere Relation n'ayant esté que le premier crayon de la viuante image de nos miseres, qu'vn leger recit des calamités que la guerre a produit dans ce Diocese, et que les premices de la Charité Chrestienne qui souffre auec ses freres, et qui cherche les moyens de les soulager. Nous auons crû qu'il ne falloit pas demeurer au commencement de cette carriere, & que le public deuoit estre informé de ce qui a esté fait par l'ordre de Monseigneur nostre Archeuesque, & par les Missionnaires qu'il a enuoyez dans son Diocese pour obliger les particuliers de rentrer en eux mesmes et de preuenir le iugement que le Fils de Dieu exercera contre eux au iour de leur mort s'ils ne s'efforcent à donner l'Aumosne*, RETIREZ-VOUS DE MOY MAUDITS ET ALLEZ AU FEU ETERNEL QUI A ESTÉ PREPARÉ POUR LE DIABLE, ET POUR SES ANGES, CAR I'AY EU FAIM ET VOUS NE M'AVEZ PAS DONNÉ A MANGER, I'AY EU SOIF ET VOUS NE M'AVEZ PAS DONNÉ A BOIRE, I'AY EU BESOIN DE LOGEMENT ET VOUS NE M'AVEZ PAS LOGÉ, I'AY ESTÉ SANS HABITS

ET VOVS NE M'AVEZ PAS REVESTV, I'AY ESTÉ MALADE ET EN PRISON ET VOVS NE M'AVEZ PAS VISITÉ, &c. Matth. 25. 31.

De Ville-Neuue S. Georges, Crosne, Yerre, Limay, Valenton & autres villages des enuirons où les Armées ont campé 24. Octobre 1652.

IL ne faut point d'autre preuue de la calamité de ces lieux, que la connoissance que l'on a du long sejour de toutes les Armées, pendant lequel les Habitans y ont souffert tous les maux d'vne funeste guerre, & la pluspart n'en ont esté deliurez que par la mort. Les Prestres de la Communauté de S. Nicolas du Chardonneret les ont secourus au milieu des Armées tout autant qu'il estoit possible dans vne telle confusion. L'on ne peut dire neantmoins combien il en est mort sans Sacremens, depuis que les armées sont retirées, ils ont visité auec quelques Peres Iesuites ce qui restoit de moribonds dans vingt-deux villages qu'elles occupoient, ils en ont trouué trois cens soixante & quatorze dans la derniere extremité, n'ayant ny lit ny habit, ny pas mesme vn morceau de pain pour les soulager; Ils leur ont administré les Sacremens & donné quelque nourriture. L'on espere establir vn Hospice à Ville-Neuue Saint Georges, qui est le lieu de la principale residence de ces bons Prestres & y faire apporter ces Pauures gens pour les seruir auec plus de facilité.

Pour rendre ce lieu de plus facile accez, en ostant l'infection qui augmente les maladies, l'on a commencé à enterrer les corps des hommes exposez à la pasture des bestes, les cheuaux morts, les entrailles des bestiaux, & les autres salletez que produit le sejour d'vne Armée; Mais tout cela ne se peut faire sans vn grand secours, & si les Seigneurs & autres personnes de Paris qui ont des maisons & des terres dans ces villages ne s'acquittent de cette indispensable obligation.

De Corbeil et villages des enuirons.

SIX Capucins ont pris la residence de Corbeil, & ont commencé leurs visites & au dedans & au dehors de la ville. Ils y ont trouué des objets qui feroient fendre les cœurs les plus durs, des malades enseuelis dans le fumier, d'autres mourans sur des cloaques où leur mal les conduisoit, le corps du mary mort tout infect auprés de sa femme & de ses enfans, si abatus de mal & de douleur, qu'ils ne pouuoient ny le mettre dehors, non pas mesmes s'en esloigner; Le pauure village d'Estiolle en tel estat qu'il n'y a pas vne maison entiere, les malades exposez à l'injure du temps, & destituez de tout secours & temporel & spirituel; l'vn de ces Peres s'est attaché à les seruir, jusques là qu'il est obligé de faire les fosses pour enterrer ceux qui meurent, les autres estans si foibles qu'ils ne le peuuent aider en ce ministere; l'Hospital de Corbeil seruira pour y receuoir les malades; Ces Religieux le font nettoyer & mettre en estat de les receuoir, car auparauant leur arriuée, ils estoient abandonnez comme des bestes.

De Lagny & villages des enuirons.

LES Prestres de la Mission ont pris pour leur partage, le quartier de delà & de deçà la Marne, lequel a tousiours esté exposé aux allées & venuës des Armées, leurs trauaux ont esté tels que sept de cette Compagnie sont déja tombez malades, l'on ne sçait que trop quelle a esté l'extremité de l'afflictiõ de ces quartiers, outre la profanation des Eglises: Le vol des saints Cyboires, & du Saint des Saints, les violemens des femmes, l'inhumanité a esté à vn tel point que nous auons apris qu'au village de Nully, vn Enfant fut jetté tout vif dans vn four ardant, & qu'vn mary & vne femme furent tellement foüettez auec des espines qu'ils sont morts par ce supplice, qu'au village de Daumar vn pauure Marguillier fut mutilé en tous ses membres, eut le ventre ouuert & ses entrailles luy furent mises entre les mains pour l'obliger à declarer où estoient les Ornemens de l'Eglise.

De Gonesse & villages des enuirons.

APRES la visite que les Peres Iacobins reformez ont faite des villages de la France, qui n'ont pas esté mieux traittez que ceux de la Brie, l'on a creu qu'il falloit choisir ce lieu pour residence dans lequel l'on pourroit faire venir les malades & les assister auec plus de facilité par l'entremise de ces Peres qui tiennent l'Hospital de ce lieu; C'est à quoy l'on va trauailler si les Aumosnes que nous esperons le peuuent porter, cét Hospital estant tellement ruïné & engagé qu'il n'en peut faire la despense.

Des Faux-bourgs S. Marcel, S. Iaques, S. Laurens, S. Denys, & la Ville-Neuue sur Grauois, 28. Octobre 1652.

NOS premiers soings ayans regardé les cinq Parroisses qui composent ces faux-bourgs comme le refuge de toutes les Prouinces, & comme l'abregé de toute sorte de miseres, apres en auoir soustenu pres de dix mille par l'establissement des Potages, apres auoir soulagé pendant les mois precedens, douze ou treize cens malades auec vne despense excessiue; Nous croyons que ces derniers ne doiuent point estre obmis comme estans nos plus proches, il les faut mettre en estat de profiter du restablissement du commerce que le retour du Roy nous fait esperer; Nous pouuons dire que sans ce secours la mortalité & les maladies eussent tout autrement regné dans Paris, Nous en auons encor sept à huict cens, & esperons que la despense qu'il faut faire aux champs ne portera point prejudice à celle de la ville.

CONCLVSION.

LES Pauures de ce Dioceze vous demandent la mesme grace que ceux des frontieres de Picardie & Champagne ont receu de la liberalité de Paris, ils mourroient de faim, vous leur auez donné à manger; Ils auoient froid vous les auez reuestus; Ils estoient sans Pasteurs vous auez contribué à la subsistãce de ceux qui leur ont esté enuoyez; Leurs Eglises estoient sans Ornemens vous leur en auez donné, il est bon de faire du bien à tous, Mais nous le deuons principalement aux domestiques de la Foy, c'est à dire, à ceux qui sont du mesme Troupeau, & qui sont conduits par le mesme Pasteur.

Ceux qui auront deuotion de donner, linges, habits, couuertures, ou argent, s'addresseront à Messieurs LES CVREZ des Parroisses, ou à Madame la Presidente DE HERCE ruë Pauée, Madame DE TRAVERZE ruë S. Martin, ou à Mademoiselle DE LAMOIGNON ruë Aubry Boucher.

Picardie & Champagne.

RELATION SOMMAIRE.

Contenant le deplorable Estat de ces deux Prouinces, & ce qui s'y est passé iusques au mois de Mars 1653. d'où l'on peut conclure, *Quelle est l'obligation indispensable d'en assister les Pauures, pour participer* au grand Iubilé.

LEs regles de la Charité Chrestienne nous ont fait garder le silence depuis plusieurs mois, pour ne pas nuire aux soins incomparables de ceux qui ont trauaillé auec tant de succez, pour les Pauures des enuirons de Paris. Nos relations pour les Estrangers ayant deu ceder à celles qui se faisoient pour les domestiques, Ils ont receu quelque soulagement en leurs maux, les malades ont esté restablis en santé, ils ont esté mis en estat de gaigner leur vie par leur trauail: Et d'ailleurs, le fleau de la guerre estant retourné dans ces deux Prouinces, la mesme regle de la Charité qui nous a fait taire, la mesme nous fait maintenant parler. Nous r'entrons dans nostre premier trauail, & exposant au Public l'excez de leurs miseres, nous proposons vn moyen tres-asseuré pour nous enrichir des tresors dont l'Eglise nous fait largesse, en nous appauurissant en quelque sorte de nos richesses temporelles, pour en reuestir ceux ausquels Iesus-Christ s'est fait semblable; & desquels il a dit, QVE CE QVI ESTOIT FAIT AV MOINDRE ESTOIT FAIT A LVY MESME. Math. 25.

De Laon, Marle, Verueins, Montcornet, & autres lieux des enuirons.

NOus croyons que les années dernieres seroient nos plus rudes fardeaux; mais ils se sont appesantis dessus nous en telle maniere depuis le commencement de l'Hyuer iusques à present, qu'il ne nous reste que des yeux pour pleurer, & vne langue pour publier nos iustes plaintes, les troupes s'estant retirées des enuirõs de Paris; Verueins ayant esté assiegé, toutes les armées ayant campé dans ces quartiers, la main de Dieu nous a frapé d'vne telle maniere, que ce qui restoit dans les Villages a esté mis en cendre; les lieux saincts ayans esté pollus, les Ciboires auec les sainctes Hosties rauies, les Eglises profanées, nos Pasteurs mis en fuitte. Ce qui a encor augmenté nos maux a esté le grand retranchement des aumosnes de Paris; nos Curez y ont tousiours quelque part, & sans ce secours il n'y en auroit aucun dans la campagne: Nous auons neantmoins quelque cõsolation au milieu de nos miseres, à peine Paris commence à respirer qu'il nous donne esperance de nous retirer de la mort, que nous ne pouuons euiter sans ses aumosnes.

De Rethel, Sainct Dysier, Saincte Menehoult, Vitry, & enuirons.

IL suffit de nous nommer pour croire, qu'il n'y a point de misere pareille à la nostre. Tout ce que l'on a dit les années dernieres n'estant que figure de celle-cy: Ce ne sont que garnisons dans nos pauures Villes, courses à la campagne, pillages & incendies, les maisons des fauxbourgs sont démolies. Celles des Villages sont en mesme estat, l'on y trouue des pauures gens comme enseuelis sous les ruynes, lesquels sont abandonnez dans leurs maladies, & reduits à mourir comme des bestes. Les pauures Curez ne pouuans subsister, sont obligez de quitter ces miserables, Ils viennent dans Vitry, où ils ne sont pas moins abandonnez qu'à la campagne, l'Hospital estant si plain qu'ils demeurent exposez dans les places publiques: Enfin pour vous donner l'abregé de nos maux, il ne faut que considerer ce que nous auons souffert depuis tant d'années, & conclure que si les enuirons de Paris ont esté reduits aux extremitez, dont l'on a entendu parler, n'ayant eu les armées que six mois, quel doit estre nostre estat, les supportant apres nos ruines, depuis cinq mois sans aucun soulagement.

CONCLVSION.

Nous ne pouuons rendre vn compte plus exact de l'estat de ces Prouinces, puisque le manque d'argent n'a pas permis de descendre dans vne application plus particuliere: Nous esperons que si Dieu fait croistre les aumosnes, le zele des Missionnaires de Monsieur Vincent se rechauffera pour les distribuer comme par le passé, les premieres seront tousiours prises pour les Curez par preference aux autres Pauures. Voicy deux rencontres fauorables pour le succez de cette re-

lation. La mort de Iesus-Christ que nous celebrons, & l'Indulgence de l'Eglise, qui est l'effect de cette mort : SI DONC NOVS VOVLONS QV'IL NOVS SOIT DONNÉ, IL NOVS FAVT DONNER.

L'on s'adressera à Messieurs LES CVREZ des Parroisses, ou à Mesdames la Presidente DE HERCE ruë Pauée, Madame de TRAVERSE ruë S. Martin, ou à Mademoiselle DE LAMOIGNON ruë Aubry-Boucher.

RELATION SOMMAIRE,

Contenant le renouuellement des miseres des Prouinces de Picardie & Champagne, depuis l'entrée des Ennemis au mois d'Aoust dernier, & la marche de nos Armées. Ce qui fait voir la necessité de renouueler les Aumosnes, comme il a esté fait auec succés & benediction aux années precedentes.

La verité de la parole du Fils de Dieu à ses Apostres, qu'il y auroit tousiours des Pauures s'accomplit en nos iours autant & plus qu'elle n'a fait par le passé. Nous en auons eu de rudes experiences depuis l'année 1649. Et l'on peut dire que la France a esté le theatre des plus horribles calamitez que l'on se puisse imaginer. Mais comme la Iustice de Dieu a éclatté en ses punitions non communes, sa misericorde n'a pas moins paru pour y donner des remedes extraordinaires. Il a reueillé en plusieurs l'amour des Pauures; il a fait reuiure la liberalité au milieu des miseres si generalles, qu'elles sembloient deuoir oster aux plus riches mesmes le moyen de faire l'Aumosne. Paris a serui de mere durant vn long-temps aux Prouinces de Picardie & Champagne, & a fait depuis des efforts genereux pour ses propres Citoyens, pendant que la guerre rauageoit ses Campagnes, & y mettoit la disette. Nos relations des années precedentes sont des témoins irreprochables de cette verité. Celle-cy vous demande vn nouueau secours, vous proposant vne desolation toute nouuelle, & nous esperons que celuy qui vous a si bien fait commencer les années passées, vous fera en quelque sorte oublier vos premiers efforts pour en faire de plus genereux, & pour accomplir plus parfaictement le grand precepte de l'amour du prochain.

De sainct Quentin & villages des enuirons le 20. Octobre 1653.

L'ENTREE des ennemis n'est que trop connüe à toute la France, pour ne pas iuger quels sont nos malheurs, apres que les enuirons de Corbie & Peronne ont essuyé leur premiere fureur; que le Pays de Santerre a esté le theatre de leurs cruautez; que son abondante moisson a esté ou enleuée par eux, ou perduë par les pluyes. Nostre pauure Vermandois a gemy sous le joug pesant de leurs desordres pendant l'espace de plus de six semaines, il nourrissoit pour lors plus de cent mille bouches, ce n'estoit que pleurs & gemissemens, ce qui restoit de maisons dans nos villages a esté demolis, toute la recolte abandonnée, nos habitans meurtris de coups ont déja consommé ce qui restoit d'épis de grains dans la campagne; leurs Eglises sont ruinées; leurs Pasteurs à la mendicité: ils sont outre cela poursuiuis pour les tailles & les contributions; il ne leur reste que la parole pour demander aux riches de Paris quelque secours pour les déliurer de la mort. Nos esperances ne sont pas mal fondées, puis que l'vn des bons Freres de la Mission qui nous assistoit par le passé a déja donné quelques aumosnes à nos refugiés à saint Quentin, & à ceux qui languissent dans les enuirons.

De Noyon, Laon, Riblemont, le 13. Octobre 1653.

L'ON ne peut dire qu'aprés l'auoir veu quel est l'estat de ces deux Dioceses, les procez verbaux des grands Vicaires nous ont instruit de leur desolation, & du grand nombre d'Eglises ruinées par les Armées; elles n'ont pas moins besoin d'ornemens que leurs pauures Parroissiens de nourriture, & encore plus leurs Pasteurs reduits à la derniere extremité; c'est en partie le sujet de cette Relation pour obtenir ce secours si necessaire.

Riblemont ne merite pas vn moindre soulagement, apres

le ſejour de l'Armée du Roy qui auoit conſommé la meilleure partie de la moiſſon : Sa Majeſté l'auoit conſolée par ſa preſence, & par ſa liberalité enuers les Pauures, qui commençoient à reſpirer par les aumoſnes qu'elle meſmes auoit ordonnées : Mais le décampement de l'Armée ennemie du quartier de Vermand pour choiſir ce lieu, l'a reduite aux dernieres extremitez, apres auoir ſouffert le feu, le fer, & tout ce qu'il y a de plus violent.

De Rethel, Chaſteau-Porcien, & villages des enuirons, le 18. Octobre 1653.

LES Peres de la Miſſion qui n'ont point abandonné ces quartiers, y recommencent leurs trauaux plus genereuſement que par le paſſé, par la veüe de leurs nouuelles miſeres; il ſuffit de dire quelles elles ſont, puis que Rethel a ſouffert dans l'eſpace de trois ans quatre Sieges, les villages y ſont deſerts, à la reſerue de quelques languiſſans, dont la vie eſt vne mort continuelle, que ces charitables Peres vont viſiter & fortifier leurs pauures Curez, qui ont eſté dépoüillés & reduits à la derniere mendicité : outre ces trauaux ils ont ſur les bras les ſoldats malades, qui ſont mourans ſous les deux halles de la ville; ils ont les Bourgeois de Rocroy, qui ſe ſont ſauuez en ce lieu, apres la perte & la priſe de tout ce qu'ils auoient par l'ennemy. Il ne faut point d'autres paroles pour faire voir quel eſt le beſoin de ſeconder les bonnes intentions de ces Preſtres, qui ne peuuent rien donner de plus precieux que leur propre vie pour leurs freres.

De Sedan, le 26. Septembre 1653.

IL n'y a rien de plus important que de continüer l'aſſiſtance que l'on a commencé pour les Pauures de ce lieu. les Heretiques qui y ſont n'ayans point de plus fortes armes que les reproches du refroidiſſement de la charité des Catholiques, comme ils preualent en nombre & en richeſſes, l'on ne peut rien faire que par le ſecours de Paris : Le Siege de Mouzon lequel a attiré dans les enuirons deux puissantes Armées, augmente si fort le nombre des Pauures qui se refugient de toutes parts en ce lieu, que sans vne assistance toute nouuelle, il faudra abandonner & les vns & les autres, qui pourront tomber dans les pieges des Heretiques, si Dieu ne les soustient par la force d'vne grace toute particuliere.

CONCLVSION.

Ce petit abregé peut suffire pour exciter puissamment à la misericorde, quand il n'y auroit que la compassion naturelle sur l'affliction du prochain. Mais quand l'on sçait qu'il s'agist de gagner le Ciel par la force de l'Aumosne, si fortement establie par la parole diuine, ne doit-on pas donner son argent au moins auec autant de promptitude que l'on faisoit ces iours derniers, pour éuiter quelque perte sur le cours de la monnoye; ceux donc qui voudront la placer dans la main du Pauure,

S'adresseront comme par le passé, ou à Messieurs LES CVREZ *des Parroisses, ou à Mesdames* DE HERCE, DE TRAVERSE, *& Mademoiselle* DE LAMOIGNON, *lesquelles receuront aussi les* ornemens & les Calices d'Estaim *pour les Eglises, & les habits* chausses, & chemises *pour reuestir les Pauures.*

Mois de Nouembre & Decembre 1653.

SVITTE DE LA RELATION du mois d'Octobre dernier, contenant le recit de ce qui a esté recommencé par les Prestres de la Mission, pour le nouueau secours des Prouinces de Picardie & Champagne, accablées par des nouuelles & extraordinaires calamitez.

CEVX qui auront leu nostre derniere Relation, distribuée dans Paris en la Feste de Tous les Saints, auront esté instruits du dessein que l'on a pris de recommencer les nouueaux trauaux, pour le secours des deux Prouinces les plus desolées de la France, Picardie & Champagne : ils y auront appris comme les Prestres de la Mission de S. Lazare de Paris, portez d'vn zele tout nouueau, y sont retournez pour recommencer ce qui auoit esté surcis pendant quelques mois (quoy que l'on aye tousiours enuoyé quelque assistance aux lieux les plus ruinez) principalement pour y maintenir les pauures Curez, & les obliger par ce moyen à la residence. C'est ce qui nous oblige à la suitte de ce premier recit, pour vous representer qu'il ne faut plus differer à faire de nouueaux efforts par de nouuelles Aumosnes, à moins que de se rendre coupables de la mort de nos Freres, qui gemissent plus que iamais sous le fleau de la Faim, du Froid & des Maladies, apres auoir supporté celuy de la Guerre, & si nous voulons participer aux liberalités d'vn Dieu, qui nous enuoye son Fils vnique reuestu de nostre chair, il nous faut suiure l'aduis du Sage, CELVY QVI EST LIBERAL ENVERS SON PROCHAIN, TROVVE DIEV LIBERAL EN SON ENDROIT, ET CELVY QVI ARROSE PAR LES INFLVENCES DE SES

AVMOSNES LES NECESSITEZ DE SON PROCHAIN, SERA ARROSE' DES PLVYES DE LA GRACE. *Prouerb. 12. v. 25.*

De Saint Mene-houd & des Villages des enuirons.

QVOY que iusques à present l'on n'aye peu donner aucun secours aux Pauures de ces quartiers, Nous les mettons à la teste de cette Relation, Comme ceux qui ne doiuent pas estre oubliez dans cette entreprise nouuelle. Ce Siege est trop fameux, & tout le monde en a attendu le succez auec assez d'impatience, pour ne pas preuoyr quel doit estre l'estat de ces Pauures par le long sejour de tant d'Armées, il ne faut que suiure ce discours pour en iuger, puisque la guerre n'a pas esté plus douce sur la fin de la Campagne, quelle l'a esté dans le commencement.

De Saint Quentin, Vermand, Collincourt & autres lieux.

CE funeste commencement a esté dans ces quartiers par l'entrée des ennemis & leur campement au poste de Vermand & dans les Villages circonuoisins: ils y ont mis la premiere desolation & nos Armées la derniere. Tous les lieux scituez sur la riuiere de Collincourt & aux enuirons sont reduits en cendres, Mouchy le Gache, qui estoit encor composé de 60. maisons, est maintenant reduit à 4. & son Eglise est bruslée, les autres, ou le sont en partie, ou manquent d'Ornemens, de Cyboires, Calices & Tabernacles, qui ont esté, ou rompus, ou emportez, leurs Pasteurs sont dans la nudité & la faim, & en estat de quitter leurs brebis égarées & fugitiues, il restoit à quelques particuliers des Roüets pour filer, ce qui est leur plus precieux gaigne pain: mais le dernier passage des Troupes les a fait passer par le feu; ainsi les voila tous sans habits, sans pain, sans repos, ils n'ont nulle consolation, & plus d'autre esperance que ce nouueau secours.

De Rhetel & des Villages des enuirons.

LEs Lettres que nous escriuons à Paris, ne peuuent exprimer la grandeur de cette desolation, elle est au delà de celle qui y regnoit les années precedentes. Que peut faire vn pauure Peuple apres auoir soustenu quatre Sieges en trois ans & cinq fois le passage des Armées en la presente année? Nous sommes accablés du grand nombre des Soldats & Paysans malades, qui couchent sous les Halles, nous leurs donnons quelque assistance par l'ordre que nous en auons receu, & taschons de les faire sortir hors de la ville pour aller à l'Hospital de Rheims, en leur donnant quelque chose pour leur voyage, il y en a passé sept cens depuis peu, & nous apprenons qu'il est dans l'impuissance de les receuoir à l'aduenir, si l'on ne donne trois cens liures par mois aux Administrateurs pour en receuoir quarante enuoyés sur nos billets, comme nous faisions en 1651.

Quant à ceux qui demeurent dans les villages, ils sont obligés de se trainer nuds pieds iusques à Rhetel, où nous leur donnons à manger, il seroit impossible de leur porter, parce que les coureurs pillent tout. C'est ce qui nous a obligés en les visitant dans leurs pauures cabanes, à en faire vn rolle, & leur donner des billets pour venir au lieu où est nostre petite Cuisine. Nous aymons mieux leur retrancher le pain pour leur donner à chacun vn fagot par semaine & des sabots, dont nous fismes achapt le premier Decembre pour cent vingt liures; iugés par là quel besoing nous aurions de bas de chausses, non seulement pour eux, mais pour les pauures Curés qui ne sont pas en meilleur estat.

De Laon, la Fere & Villages adiacents.

NOvs auons couru la Campagne & visité quarante villages des enuirons où les Armées ont passé trois fois; C'est assés dire pour faire conclure qu'il ne reste ny bled dans les villages de la Campagne, ny vin dans ceux des Montagnes, ny bestiaux dans les vns & les autres, & que les Prestres sont en estat de tout quitter, ils ont neantmoins tant de zele pour leurs Parroissiens qu'ils ne les abandonneront point s'ils ont seulement cinq ou six sols par iour, en vn temps ou tout est enchery de la iuste moitié.

Pour ce qui est de la ville de Laon, elle est remplie de malades & dans l'impuissance de les secourir, plusieurs Soldats y meurent dans les Ruës, l'on en a fait porter soixante dans vne grotte hors la ville faute de lieu commode; Novs leur donnons vn peu de nourriture selon la force de nos Aumosnes, & faisons passer les malades à l'Hostel-Dieu en y laissant dequoy les faire subsister.

Les Religieuses n'y sont pas en moindre necessité, & comme elles sont plus à Dieu, elles meritent vne assistance plus particuliere, elles se contenteront qu'elle soit pour augmenter leur pain, dont elles n'ont pas leur suffisance, & leur donner quelques habits dont elles ont grand besoin pour se guarantir du froid.

CONCLVSION.

SI nous voulons que IESVS-CHRIST *naisse en nous, il faut pratiquer ce que son Saint Precurseur nous enseigne en l'Euangile du* 4. Dimanche *de l'Aduent. Que* CELVY QVI A DEVX ROBES EN DONNE A CELVY QVI N'EN A POINT, ET QV'IL FACE LA MESME CHOSE EN CE QVI REGARDE LA NOVRRITVRE. *Luc.* 5. 9. *C'est ce que nous esperons de la deuotion de ce Sainct Temps, & que ceux qui le voudront faire, ou pour* des Calices d'estain & Ornements, pour les Eglises, ou pour des Chemises, Bas de chausses & Couuertures & autres hardes pour les Pauures, ou Argent pour leur nourriture,

S'adresseront comme par le passé, ou à Messieurs LES CVREZ des Paroisses de Paris, ou à Mesdames DE HERSE, ruë Pauée, DE TRAVERZE, ruë Sainct Martin & Madamoiselle DE LAMOIGNON, ruë Aubry le Boucher.

RECIT SOMMAIRE,

Contenant ce qui s'est passé dans la suite de l'employ pour le soulagement des Pauures de Picardie & Champagne, Au mois de Ianvier, Feurier, & Mars 1654.

QVOY que la solemnité des jours que nous celebrons soit vn puissant motif pour exciter les Chrestiens à la pieté, & que la liberalité d'vn Dieu *fait Homme, & se liurant pour eux à la mort de la Croix, les conuainque de luy donner quelques marques de leur reconnoissance, en vsant de clemence enuers les pauures; c'est à dire, enuers luy-mesme, puis qu'il prend pour luy ce qui est fait au moindre; Nous auons crû qu'il estoit à propos de reprendre le fil de nos Relations, & de faire voir quelle a esté la suite des trauaux de nos Prestres de la Mission, quelle assistance ont receu les Pauures de ces desolées Prouinces de Pycardie & Champagne, & quelle est la necessité de leur ouurir vne main liberale; afin que par tant de puissantes raisons les riches se trouuent obligez à donner, non seulement les miettes de leurs tables à ces pauures Lazares, mais de leur departir quelque notable portion de leurs richesses, à moins que de brusler vn jour dans les Flames vangeresses, auec celuy lequel depuis tant de siecles, demande vne goutte d'eau pour rafraichir sa langue, & qui luy est deniée, parce qu'il a receu des biens pendant sa vie, & qu'il a esté impitoyable enuers les pauures.* Luc 16.

De Saint Quentin, Collincourt, Catelet, Guiſe & villages des enuirons. Janvier, Fevrier, & Mars 1654.

APRES l'ordre que nous auons receu de Paris, de faire nos efforts pour ne laiſſer perir de faim les pauures malades, & languiſſans de ces quartiers, nous n'auons eu aucun repos, pendant ces trois mois pour nous acquiter de ce ſaint deuoir. Nous nous ſommes expoſez à la mercy des Coureurs, qui battent ces Campagnes, & n'eſpargnent perſonne. Nous auons viſité plus de cent villages où nous n'auons trouué que des objets qui nous épouuantant d'vne part; Nous faiſoient auſſi-toſt fondre en larmes: Des vieillards preſque touts nuds: des enfans tout gelez ſur la paille expoſez dans des ruïnes de maiſons: des femmes dans le deſeſpoir tranſies de froid, & mourantes de faim. Ils eſtoient des deux jours ſans manger du pain, & le peu qu'ils en auoiẽt eſtoit ſi rude qu'il leur écorchoit le gozier. Parmy cette multitude de languiſſans, nous en auons reueſtu vne cinquantaine, leſquels en eſtoient ſi tranſportez de joye, que nos paroles ne le peuuent exprimer. Nous auons donné grand nombre de ſabots, qui ſont encheris de la moitié de leur pris ordinaire. Pluſieurs ont eu des roüets & du lin dont ils peuuent gagner leur vie pourueu qu'ils ne ſoient point emportez par les ſoldats. L'aſſiſtance des Curez a toûjours continué, cela eſt cauſe que la Meſſe ſe celebre aux lieux où il reſte encor quelque Autel, & que les villages voiſins où il n'y a plus d'Egliſe, y viennent l'entendre.

De Rhetel & des enuirons.

QVOY que depuis trois ans l'aſſiſtance des pauures continuë en ces quartiers, les maux ſont ſans remede; parce que les cauſes y demeurent toûjours. Ce ne ſont que Partis des Places voyſines, & des Garniſons en tous les Chaſteaux qui font de continuels brigandages. Nos pauures gemiſſent plus que jamais, & il y auroit vne entiere mortalité ſans le ſecours qui leur eſt venu. Dans la viſite du village de Memont l'on en a trouué 18. expirans de faim, au village de Nouion vne vingtaine, & ainſi à proportion des autres. La pauure Noblesse ne pouuant plus viure à la Campagne pour y éuiter la mort, la vient chercher dans Rhetel: Car de qui peut-elle estre secouruë? puisque les Bourgeois mesme viennent souuent à la maison du Prestre de la Mission, se jettent à genoux pour auoir quelque aumosne, & ce qu'il leur peut donner est quelquesfois vn sol ou dix-huit deniers. Les Curez auroient entierement abandonné ce qui leur reste de Parroissiens, s'ils n'auoient receu quelque soulagement: C'est l'ouurage le plus aduantageux, puis qu'il va au bien spirituel de ces pauures abandonnez.

De Rheims & des enuirons.

VOICY vn employ digne de la charité Chrestienne, quoy qu'il n'aye point encor esté pratiqué, il n'est pas moins à rechercher. L'experience a fait voir que le desespoir a porté plusieurs filles de condition à perdre leur honneur; l'on a crû que le plus asseuré remede estoit de les esloigner du peril. L'on a commencé à les retirer dans la Communauté des filles de saincte Marthe, elles y seront instruites à la crainte de Dieu & au trauail, il y a déja trente filles des Gentils-hommes de ces quartiers, dont quelques-vnes ont passé plusieurs jours dans des Cauernes, pour éuiter l'insolence du Soldat. Comme il faut vn fonds pour leur nourriture, outre qu'il est necessaire de les reuestir, l'on n'y peut paruenir que par quelque extraordinaire liberalité.

De Troye.

LA CHARITÉ de Dieu, toûjours ingenieuse, a fourny vn nouueau sujet à son exercice. Il est d'autant plus à embrasser qu'il paroistra extraordinaire. Cinq Regimens d'Irlandois Catholiques ayant esté défaits en la guerre de Bordeaux, ce debris composé de trois cens bouches, tant femmes qu'enfans, vieillards & estropiez; S'est jetté dans la ville de Troye comme dans vn azile, plusieurs particuliers y ont signalé leur pieté pour les assister; enfin ils ont eu recours à Paris, comme au dernier refuge des miserables. Vn bon Preſtre de leur nation y a eſté enuoyé : Paris & Troye ſe ſont vnis à ce ſaint employ, l'on a mis en commun les Collectes, elles ſe diſtribuënt à ces pauures eſtrangers, dont la miſere eſt extrême. L'on a reueſtu les plus nuds ; l'on a mis les filles & les veuues dans l'Hoſpital Saint Nicolas, où l'on leur apprendra à filer & à coudre. L'on prend ſoin des petits orphelins ; on les inſtruit tous, & on les confirme en la foy Catholique pour laquelle ils auoient quitté leur patrie.

CONCLVSION.

CES OCCASIONS *extraordinaires meritent des Aumoſnes non Communes ; comme elles frappent l'eſprit, elles doiuent toucher le cœur. Nous nous adreſſons à* IESVS-CHRIST *en la Croix, afin que le merite de ſa mort nous faſſe accomplir ce qu'il a dit par ſon Euangeliſte* : VENDEZ CE QVE VOVS POSSEDEZ ET DONNEZ L'AVMOSNE : FAITES-VOVS-EN VN THRESOR DANS LE CIEL, QVI NE DEPERISSE IAMAIS ; CAR OÙ EST VOSTRE THRESOR LA EST VOSTRE COEVR. Luc 12. 33.

Ceux qui en auront le deſir s'adreſſeront cõme par le paſſé, ou à Meſſieurs les Curez des Parroiſſes de Paris, ou à MESDAMES DE HERCE Ruë Pauée ; DE TRAVERZE Ruë Saint Martin, & MADEMOISELLE DE LAMOIGNON Ruë Aubry Boucher.

Suitte du recit Sommaire,

Contenant ce qui s'est fait pour l'assistance des Pauures de Picardie & Champagne, pendant les mois d'Avril & May 1654. Et de six cents Orphelins qu'il faut reuestir.

ENCOR *que nous repetions tousiours la mesme chose, nous ne craignons pas d'estre ennuyeux; parce qu'imitans en quelque maniere le Disciple de l'Amour, nous disons tousiours auec luy, qu'il nous faut aymer les vns les autres; non pas de paroles, mais en verité en nous aydans dans les afflictions. Or quelle occasion y a-t'il plus importante que de continuer ce que l'on a si bien commencé pour les Pauures de Picardie & Champagne, dont la calamité se renouuele chaque jour? Nous pouuons dire à ceux qui les ont secourus par leurs aumosnes, ce que le grand Sainct Paul disoit aux Fidelles de Corinthe.* Ie ne vous dis pas neantmoins (ces choses) comme vn commandement que ie vous fasse; mais pour vous exhorter à donner des preuues de vostre charité sincere & veritable. Car vous sçauez bien quelle a esté la grace & la magnificence de IESVS-CHRIST nostre Seigneur, lequel estant riche, s'est fait pauure pour l'amour de vous, afin de vous enrichir par sa pauureté. Ie vous dis donc cecy comme vn conseil que je vous donne qui vous est tres-vtile, & lequel vous deuez suiure, d'autant plus que ce n'est pas d'aujourd'huy que vous faites cette charité, mais que vous en auez formé le dessein dés l'année passée.

Acheuez donc maintenant ce que vous auez commencé dés lors, afin qu'ainsi que vous auez vne si prompte volonté d'assister vos Freres, vous les assistiez aussi effectiuement selon vostre pouuoir. Car si on a dans le cœur vne grande volonté de donner, elle est receuë de Dieu en donnant autant qu'on peut, & non pas plus qu'on ne peut, *2. Cor. 8. & 9.*

De Laon & des Villages circonuoisins, Avril & May 1654.

L'ON a fait plusieurs visites depuis six semaines dans ce Diocese le plus affligé qui soit en France. Le Prestre de la Mission n'y a pas moins trauaillé pour le spirituel que pour le temporel : Il a assemblé les pauures Curez par Doyennez : Il leur a donné de nouueaux desirs de deseruir leurs Cures. Quelques-vns en ont pris deux ou trois, dans lesquelles il n'y a que le debris de quelques pauures familles cachées dans des Cabanes, ou refugiez dans les Eglises. On leur a donné quelques habits & soutanes, & assûré par mois quelque petite subsistance. On leur a enuoyé des ornements pour les Eglises, & des Messels pour celebrer la Messe. Il a falu recouurir quelques Eglises à l'endroit des Autels, & faire quelques fenestres pour empescher que la pluye ne tombast sur la Sainte Hostie, ou que l'impetuosité des vents ne l'emportast pendant la celebration du saint Mystere. Enfin ces visites ont eu vne telle benediction, que l'on peut dire qu'il n'y a maintenant aucun Village, à la reserue d'vn seul, qui soit priué de la consolation du Pasteur.

LA VISITE des enuirons de Laon a découuert vn object de nouuelles miseres. *Six cens Orphelins* au dessous de l'âge de 12. ans, & dans vne nudité honteuse. L'on commence à faire vn effort pour les reuestir. Trois ou quatre particuliers touchez de cette nouuelle, ont donné quelque chose pour reuestir IESVS-CHRIST en leurs personnes. Nous esperons que leur exemple portera plusieurs à les imiter.

De Rethel.

TOVTES nos nouuelles ne sont que miseres sur miseres dont nous n'esperons plus la déliurance que par vn coup inopiné de la bonté de Dieu. Les garnisons acheuent de consommer & le dedans & le dehors de la Ville. Nous auons visité les Villages sur la Riuiere d'Ayne & la Vallée de Bourg. Nous n'y auons trouué ny bestiaux, ny terres ensemencées : Et dans le Bourg d'Atigny, pas mesme vne poignée de paille pour nous coucher. Ce qui reste d'habitans meurt ou de faim, ou perit dans les prisons de Rocroy, & des autres places ennemies, où ils sont enleuez pour payer les contributions : Ils n'ont que la seule consolation des aumosnes de Paris, sans lesquelles tout seroit consumé. En executant les resolutions prises pour le soulagement des pauures filles, nous en auons fait conduire plusieurs à Rheims dans l'Hospital de Sainte Marthe, où elles y reçoiuent toute l'instruction que l'on peut esperer: Elles n'y viuent pas en oysiueté, les filles qui les reçoiuent, leur apprenant les mesmes ouurages dans lesquels elles s'exercent. Cette dépence est grande, parce qu'outre leur nourriture il les faut reuestir aussi-tost qu'elles arriuent.

De Troye 4. May 1654.

L'ON a continüé auec grand fruict l'assistance de ces pauures Irlandois, dont il a esté parlé dans la derniere

Relation ; les six cens liures qu'on leur a departis ont reueillé la charité de cette Ville, non seulement pour ceux-cy, mais mesmes pour les autres pauures de la Ville, estant tres-veritable qu'il n'y a rien de plus fort que le bon exemple.

De Saint Quentin.

IL n'y a point de fin à nos maux, le peuple est reduit aux abois non seulement par le fleau de la Guerre, mais par le poids accablant des contributions. La derniere visite dans la Campagne a produit de nouueaux objets de douleur, l'on y trouua vne femme mourante ; laquelle n'ayant dequoy manger, s'estoit repeuë de la chair d'vn meschant cheual, mort de maladie. Son corps paroissoit tout meurtry, & de couleur violette, sans parler de plusieurs autres qui ne sont pas en meilleur estat.

CONCLVSION.

PVIS que la descente du S. Esprit va remplir les cœurs de ses Fidelles, & y allumer le feu de son amour ; Nous esperons que cét embrasement reschauffera la nudité de nos petits innocents, & que cette extréme pauureté sera vn peu consumée par les aumosnes que nous esperons en ces grands iours, où l'Eglise a receu sa perfection.

Ceux qui auront deuotion de donner, s'adresseront comme par le passé, ou à *MESSIEVRS LES CVREZ* des Parroisses de Paris, ou à mes Dames *DE HERCE*, ruë Pauée, *DE TRAVERSE*, ruë S. Martin, & Mademoiselle *DE LAMOIGNON*, ruë Aubry-Boucher.

NOVVELLE RELATION, Pour les Mois de Ianuier, Fevrier, Mars, & Avril 1655.

Contenant ce qui s'eſt paſſé pour l'aſſiſtance des Pauures de Picardie & Champagne; Et qui fera voir que manque de fond, l'on va ceſſer cette entrepriſe, ſi la Charité des particuliers ne ſe réchauffe.

NOVS *auions crû deuoir garder le ſilence apres auoir donné au public le Recueil de nos Relations, contenant le trauail de cinq années pour l'aſſiſtance des deux Prouinces de Picardie & Champagne, de peur qu'eſtant à l'aduenir trop communes, elles ne fuſſent mépriſées & iettées au nombre des feüilles volantes; Mais la meſme diſcretion qui nous a fait taire, la meſme nous oblige à expoſer encore celle-cy, comme la derniere voix de nos Pauures, par laquelle ils nous feront entendre que leur affliction n'eſt pas moindre que celle qui eſt prédite dans l'oraiſon du Prophete Ieremie, ils la feront retentir à vos oreilles auec autant de verité que faiſoit le peuple de Ieruſalem dans ſa miſere.* Voyez, *vous diſent-ils*, par ces Relatiōs, ſi vous ne l'auez pas veu de vos propres yeux, ce qui nous eſt arriué depuis pluſieurs années; Conſiderez nos malheurs & nos miſeres; nos terres ſont abandonnées & en friche & appartiennent au premier qui s'en veut emparer. Le reſte du debris de nos maiſons eſt occupé par les Eſtrangers; Nos enfans ſont ſans peres, & nos femmes ſont deuenuës veuues, à peine auons nous de l'eau pour nous rafraiſchir & du bois pour nous chauffer, pendant la rigueur de l'Hyuer, parce que nous ſommes continuellement exposés à la captiuité de l'ennemy qui nous accable de contributions, & nous fait tomber sous le fardeau; Nostre peau est dessechée comme l'herbe iettée dans le four par la grandeur de la famine qui nous deuore, & par les cuisans chagrins qui nous consument; Et ce qui nous met dans le dernier desespoir, si la main de Dieu ne nous soustient, Est que les bons Prestres qui nous ont assistez, nous annoncent qu'il n'y a plus d'aumosnes, & que la charité de Paris est tout à fait refroidie. *Si les clameurs de ces pauures languissans ne nous touchent, craignons au moins cette voix étonnante du S. Esprit :* QV'IL N'Y A POINT DE MISERICORDE POVR CELVY QVI N'AVRA POINT FAIT MISERICORDE A SON PROCHAIN.

De Troyes.

L'Assistance que l'on a renduë aux pauures Irlandois n'est pas la moins considerable, parce que le sujet de leur misere est leur fermeté dans la foy Catholique. Chacun sçait comme ces Catholiques sont releguez dans des Isles sauuages de l'Irlande, ou dans vn Canton desert & sterile de ce Royaume, où ils sont consumez par la famine, & par les afflictions extraordinaires. Cét estat si funeste où la cruauté de leur vsurpateur les reduit, les oblige à chercher d'autres terres, & à s'enroller dans les armées. Deux Regiments, auec toute leur famille, receurent quelque secours l'année derniere dans la ville de Troyes qui leur auoit esté donnée pour lieu de garnison. Au retour de la Campagne derniere on leur a donné le mesme lieu; Comme ils estoient aux enuirons d'Arras, il leur a fallu passer dans des lieux tout deserts à cause de la guerre, ils estoient nuds pieds au milieu des neiges, & pendãt neuf iours ils n'eurẽt pas vn morceau de pain. Leur entrée dans Troyes tiroit des larmes des yeux; ils amenoient cent cinquante orphelins & grand nombres de veuues, dont les peres & les maris estoient morts à la guerre; Et comme cette troupe desolée n'auoit aucun lieu de retraitte, ils estoient couchez dans la place de S. Pierre, & ramassoient par les ruës ce que les chiens ne vouloient pas manger. Cét aduis ne fut pas plustost donné à la compagnie des Dames de la Charité de Paris, que nonobstant l'épuisement des aumosnes, l'on enuoye quelque petit secours par l'entremise d'vn Prestre de la Mission lequel est de leur pays. L'on retira aussi tost la pluspart des orphelins & desveuues dãs l'Hospital de S. Nicolas; on enuoya plusieurs paires de bas, bon nõbre de chemises, quelques habits pour les plus qualifiez, & quelques pieces de grosses estoffe, & quoy que ce ne fut qu'vne goutte d'eau dans cét ocean de miseres, elle a releué leurs esperances, & fait que ces pauures Catholiques ont écouté plus librement ce bon Prestre, lequel les cathechisoit deux fois la semaine pendant le Caresme pour se disposer à la Pasque.

De Sedan.

COmme dans la distribution des aumosnes il faut plus regarder le bien de l'ame que celuy du corps, il n'y a point de lieu où elles seroient mieux employées que dans la ville de Sedan, où les heretiques qui sont les plus riches, poursuiuent sans cesse les pauures Catholiques, & les engagent souuent à quitter la foy par l'asseurance de leurs aumosnes.

De S. Quentin & des enuirons.

DAns le peu d'aumosnes que l'on a receu pendant l'Hyuer, l'on n'a pas laissé de faire quelques visites, principalement pour les malades dont l'affliction ne se peut exprimer, ayant souffert, & par la rigueur du froid & par la cessation de tous remedes on les trouuoit mourans, ou dans les ruës, ou sur quelques fumiers, qu'ils cherchoient pour se réchauffer, l'on a employé quelques pieces de méchante estoffe appellé du bourra, pour reuestir quelques vns des plus nuds. Le soin principal a esté pour les pauures Curez pour les obliger à la residence & à desseruir plusieurs Parroisses, & l'on peut asseurer que cessant ce secours, il y en auroit eu plus de cent sans aucun Pasteur dans le seul Diocese de Noyon.

De Laon & des enuirons.

L'On a fait ce que l'on a pû dans la disette où l'on a esté à soustenir le pauure Hospital de Laon, remply de Soldats, dont la misere touchoit le cœur à ceux qui en auoient esté les plus affligez, l'infection & la pourriture de leurs corps estant telle que l'on ne pouuoit les aborder.

L'on a reuestu *trois cens soixante-douze* pauures dans les villages circonuoisins dont l'on a le rolle particulier, & le nom des villages pour faire voir quel est le bon employ de ces aumosnes, il en faloit renuoyer tres-grand nombre dont l'affliction estoit sans égale, voyant que l'impuissance les mettoit hors d'estat de leur faire du bien. L'on a enuoyé quelque peu d'argent pour les pauures de Marle & de Montcornet; Mais tout ce que l'on donne ne sert qu'à faire connoistre la grandeur de leur affliction & qu'elle ne se peut plus soulager.

De Rethel & des enuirons.

LA station de Rethel ne fut iamais plus feconde en trauail, & iamais plus desolée. L'on y a fait quelques visites pendant le Saint temps de Caresme pour consoler ces pauures affligez, dont l'on a reuestu assez bon nombre. Quoy que le bled soit à grand marché, il ne l'est plus dans cette contrée, où l'on n'en a fait aucune recolte depuis cinq ans, ainsi leur nourriture n'est que de racines, & c'est vn grand ragoust quand elles peuuent estre meslées auec vn peu d'orge. Et quel moyen à ces pauures d'en acheter? puis que ceux qui à peine gagent dix ou douze sols pendant la semaine en donnent au moins la moitié aux gens de guerre? autrement le reste de leurs maisons est ou démoly ou consumé par le feu.

CONCLVSION.

SI nous sommes vrayement ressuscitez, faisons reflexion sur ce qui se passe, & sur l'extrême affliction de nos freres. Imitons en quelque maniere ces deux Pelerins d'Emaüs, en pratiquant le plus grand œuure de l'hospitalité Chrestienne, qui consiste au moins à donner quelque chose pour continuer l'assistance des pauures Curez, & le soin des pauures malades, puis que nous ne sommes pas en estat de les contraindre de venir loger dans nostre propre maison.

Ceux qui auront deuotion de donner, s'adresseront comme par le passé, c'est à dire à Messieurs les CVREZ des Parroisses, ou à MESDAMES la Presidente DE HERCE, DE TRAVERZÉ, & à Mademoiselle DE LAMOIGNON.

www.ingramcontent.com/pod-product-compliance
Ingram Content Group UK Ltd.
Pitfield, Milton Keynes, MK11 3LW, UK
UKHW021107220726
13924UKWH00004B/1564